LES
CHEMINS DE FER

ET

L'ÉTAT

PAR

A. DE CALONNE

Prix : 1 franc

PARIS

IMPRIMERIE DE LA SOCIÉTÉ DE TYPOGRAPHIE

PAR PROCÉDÉS RAPIDES

NOIZETTE, DIRECTEUR

8, RUE CAMPAGNE-PREMIÈRE, 8

—

1882

LES

CHEMINS DE FER ET L'ÉTAT

LES
CHEMINS DE FER

ET

L'ÉTAT

PAR

A. DE CALONNE

Prix : 1 franc

PARIS

IMPRIMERIE DE LA SOCIÉTÉ DE TYPOGRAPHIE

PAR PROCÉDÉS RAPIDES

NOIZETTE, DIRECTEUR

8, RUE CAMPAGNE-PREMIÈRE, 8

1882

LES
CHEMINS DE FER
ET
L'ÉTAT

I

CONSIDÉRATIONS PRÉLIMINAIRES.

A certains moments de l'histoire, on voit surgir des idées singulières et qui revêtent un caractère de nouveauté dont les esprits peu éclairés sont tout d'abord éblouis. Si, ne s'arrêtant point à la forme, on veut en examiner le fond, on découvre bientôt, et sans grand effort d'érudition, que ces idées d'apparence nouvelle, sont très vieilles en réalité et se sont fait jour plus d'une fois dans la suite des temps écoulés. Ainsi il n'a pas été malaisé à de judicieux écrivains d'établir la filiation des idées socialistes, dont le vulgaire attribue la paternité à notre époque, et d'en faire remonter l'origine bien au delà des réformateurs du XVIIIe siècle, aux temps des lois de Lycurgue, plus haut encore, à l'enfance des sociétés, aux âges des tribus, des clans, des hordes et des royautés pas- torales. Le jacobinisme est une des formes multiples de ces vieilles idées dont Aristophane a fait rire Athènes, et que l'empire romain a mis partiellement en pratique en les accommodant au goût latin.

Suivant ces idées, l'Etat est tout, l'individu peu de chose ou même rien, c'est-à-dire la molécule d'un corps dont dépendent toutes ses combinaisons. Sous quelque nom qu'il se présente, sous quelque forme qu'il affecte, l'Etat est un maître absolu, infaillible, inattaquable. Tantôt il se concentre dans une main unique, tantôt dans un conseil aristocratique, tantôt dans une assemblée populaire. Les moyens d'exécution dont on environne son autorité modifient ses aspects, ils ne changent rien à son caractère. Le patriarche maître absolu sur son domaine, avec droit de vie et de mort sur tous les membres de la tribu, le sénat de Sparte avec ses lois féroces, l'empereur romain, législateur, juge et grand prêtre, Louis XIV étouffant la voix des parlements sous la splendeur de son règne, la Convention étouffant toute liberté dans le sang, sont, à des degrés divers et sous formes différentes, l'expression vivante d'une même pensée : « L'Etat est tout, le peuple n'est rien, l'Etat, c'est moi ! »

On sait quelles sont les conditions d'existence pour un pareil système et quelles suites il peut avoir. Il ne peut subsister qu'en compagnie de l'esclavage ou tout au moins sans briser les fronts indépendants et sans abaisser les caractères. Même quand il est pratiqué par les meilleurs et qu'il prend un aspect de grandeur et de magnanimité comme sous Louis XIV et sous les Antonins, ce système est mauvais et conduit aux catastrophes. Il est regrettable qu'après tant de dures leçons données par l'histoire et tant de tristes exemples encore si près de nous, des idées aussi courtes et aussi funestes puissent encore agiter le monde et bercer les rêves de quelques législateurs.

Dans l'application de ces idées des vieux âges aux éléments du temps présent, il en est qui sont déjà en voie d'exécution, d'autres qui menacent des intérêts de premier ordre. S'il peut y avoir des doutes sur la capacité de l'Etat comme dispensateur unique et absolu de l'enseignement, sur la valeur que peuvent avoir une science d'Etat, une grammaire, une littérature d'Etat, on ne saurait prétendre qu'il en puisse exister sur les mérites d'un commerce, d'une industrie exercée par l'Etat. Et si cette industrie, ce commerce sont les plus considérables du pays, s'ils sont les instruments nécessaires de tous les autres commerces, de toutes les autres industries, non seulement le doute disparaît, mais tous ceux que n'aveugle pas une étroite passion, dont l'intelligence n'est pas esclave d'une idée fixe, se défendent de vouloir que l'Etat en devienne le maître et l'exploitant unique et absolu.

Telle est la question des chemins de fer, en ce moment pendante. Les plus énergiques partisans de la concentration de toutes les lignes entre les mains de l'Etat n'admettent pas que l'Etat les exploite lui-même ; non, il y a de trop évidentes raisons contre un pareil système ; mais tout en essayant d'atténuer ce qu'il a d'absolu, ils ne laissent pas d'indiquer que l'Etat doit les gouverner à son gré, c'est-à-dire au gré des partis qui passent succesvemenl au pouvoir. L'Etat par leur organe se fait modéré et s'assouplit au commandement de l'opinion ; mais tout en dépassant le but primitivement indiqué, il reste pourtant en deçà des desseins avoués d'un parti audacieux et actif, — une minorité, mais une minorité qui s'impose et qu'il n'est pas aisé d'entraver dans sa marche logique. Qu'on lui ouvre la porte elle y passera, et son but est si bien fait pour plaire au grand nombre que ce cerait merveille qu'on n'essayât pas de l'atteindre. Il a été marqué par ces paroles qui ne sont pas plus extravagantes que beaucoup d'autres : « Le transport gratuit pour tous.» C'est le pendant de cet autre aphorisme de l'école : « L'intruction gratuite pour tous. »

La logique est une force impitoyable et qui pousse sans cesse en avant ceux qui veulent s'arrêter en route. Livrez les instruments de transport à l'Etat, même avec toutes les restrictions que dicte la prudence, vous ne pouvez lui refuser bientôt le reste. Après les chemins de fer viendront les autres moyens de transport sur terre et même sur mer, les assurances de toutes sortes, la banque, les grandes forces de production, les mines, les ateliers de construction, les usines à gaz, les manufatures, — il y en a déjà, — toute l'activité industrielle et commerciale de la nation. C'est le développement logique du système. Jamais, dit-on, ce rêve des cerveaux malades ne deviendra une réalité. Je le crois, car il est en opposition manifeste avec les besoins et les facultés de la nature humaine ; mais quelles bonnes raisons pourrait-on alléguer pour leur faire obstacle si l'on avait reconnu la légitimité des prétentions de l'école sur un point? Il semble donc que cette question des chemins de fer qui se pose avec une persistante inopportunité depuis trois ans et qui paraît, même à des hommes éclairés, de nature à être le plus aisément résolue en faveur de l'Etat, ne soit qu'un prélude à un travail de concentration qui mènerait l'Etat lui-même à sa perte.

J'avais besoin de marquer le caractère général des idées qui président à l'entreprise dirigée en ce moment contre une fraction de la liberté commerciale et industrielle, contre l'individu, isolé ou collectif, avant d'aborder de front cette question si complexe et pourtant bien claire que l'on a appelée : « Le rachat des chemins de fer par l'Etat. »

II

INUTILITÉ ET DANGER POLITIQUE DE L'EXPLOITATION
PAR L'ÉTAT.

En tout pays, les chemins de fer sont un instrument de puissance pour l'État, comme les routes et les canaux, mais à un degré supérieur, en proportion de la force et de la vitesse dans les moyens de traction qu'ils emploient. De là cette pensée des théoriciens de l'utopie que l'État doit tenir dans sa main, étroitement fermée, tout cet appareil qu'on a si justement nommé un réseau. C'est un réseau, en effet, qui, semblable aux veines du corps humain, couvre de ses mailles la contrée, reliant les populations entre elles, multipliant leurs forces, mélangeant leurs produits, faisant circuler partout la chaleur et la vie.

L'idée de faire de l'Etat, le maître absolu de ce réseau a de quoi tenter les esprits spéculatifs qui rêvent une société idéale fondée, soit sur la perfection humaine, soit sur un ingénieux mécanisme des vocations, c'est-à-dire des défauts et des qualités de l'homme emboîtés de manière à produire l'harmonie. Pour eux les voies et les moyens de transport sont des organes de l'être social, ce qui est vrai, et à ce titre doivent être soumis à la direction de la communauté, ce qui est faux dans l'état présent et ne deviendrait possible que si toutes les autres conditions d'organisation sociale étaient elles-mêmes réalisées. Je ne pense pas qu'il soit prudent d'attendre cette heure bienheureuse pour trancher la question des chemins de fer et pour décider s'ils doivent être exploités par des Compagnies ou par l'État.

Chez quelques hommes politiques, maîtres du gouvernement, c'est aussi une préoccupation très vive et assez naturelle de faire des chemins de fer un service d'État, non pour marcher à la conquête d'une forme sociale nouvelle, mais uniquement pour les transformer en un instrument de pouvoir. On est disposé à croire qu'une armée de trois cent mille employés de l'État ajoutée à celle qui existe déjà aujourd'hui donnerait plus de stabilité au gouvernement et maintiendrait au pouvoir, quel qu'il fût d'ailleurs, le parti qui s'en serait rendu maître. C'est là, à mon sens, une grave erreur. Jamais le grand nombre des employés n'a été une force réelle de gouvernement; on peut dire au contraire que plus l'Etat a d'employés, moins il est le maître, plus il est tenu à composer avec eux, à leur faire des concessions, à leur créer des avantages, à sacrifier pour eux les intérêts du pays; plus il entretient de serviteurs, plus il fait de mécontents et plus il se prépare, pour les temps difficiles, les surprises de l'ingratitude. Oui, aux heures tranquilles et reposées l'armée obéit et fonctionne au gré des chefs ; mais vienne un trouble dans le cours des événements ou seulement dans les idées, des jours d'épreuve ou de lutte, les esprits vous échappent et les bras se tournent contre vous. En face d'un gouvernement, c'est une révolution; en face d'une compagnie, ce ne peut être qu'une grève. La différence est grande.

Le plus sage des gouvernements sera celui qui entretiendra le moins de fonctionnaires possible pour diminuer autant que possible ses points de contact avec le public et les responsabilités qui en résultent, morales et matérielles. L'Etat est tenu de faire dans la perfection tout ce qu'il entreprend. On lui en veut de ne pas satisfaire complètement et sur l'heure, tous les besoins, tous les intérêts, tous les désirs. Élargir le cercle des responsabilités, c'est multiplier les sources de mécontentement, et lorsqu'on lui reproche déjà de mal gouverner les saisons, il ne convient pas qu'on lui puisse reprocher de ne pas transporter les gens et les objets gratuitement, ni de ne pas faire arriver les trains à la destination avant l'heure du départ. On crie contre les Compagnies! Laissez crier; c'est autant de clameurs qui ne s'élèveront pas contre le gouvernement. En vérité, on croit rêver quand on voit des hommes politiques auxquels ne manquent ni l'intelligence ni le talent, ni le sens pratique, entreprendre de satisfaire à tous les besoins de l'espèce humaine et songer à lui procurer les douceurs du transport en attendant, sans doute, qu'ils lui offrent les agréments de la cuisine et du coucher.

Mais je suppose que je me suis trompé et que

l'Etat, maître absolu et entrepreneur des transports, y trouve un moyen d'influence et une force de gouvernement dont le parti au pouvoir puisse user à son avantage.

La question descend ici des hauteurs sereines où je l'ai d'abord placée pour devenir une affaire de parti. Quel est le parti, surtout en France, qui puisse se flatter de détenir le pouvoir pour une longue période? Dès lors qu'arrive-t-il? Le parti déchu qui connaît bien la valeur de l'instrument pour s'en être servi, n'aura point de trêve qu'il ne l'ait déconsidéré ou brisé dans les mains de son adversaire. Ce réseau qui était un filet pour prendre les consciences et capturer les votes, n'est plus qu'un objet de scandale, un engin de despotisme et de corruption qu'il faut s'empresser de détruire, sauf à le restaurer, quand on reviendra au pouvoir. Voyez-vous l'administration des chemins de fer soumise aux fluctuations de l'opinion, tour à tour revendiquée ou combattue au nom des droits de l'Etat ou des principes de liberté, passant des mains des Compagnies dans les mains du gouvernement et de celles-ci dans les mains de Compagnies nouvelles, sans cesse ballottée d'un système à l'autre, suivant le jeu des intérêts, le vent qui souffle et les factions qui dominent! Il est vraisemblable enfin qu'après la lutte, le parti vainqueur voudra user des mêmes procédés que son prédécesseur, déposséder ses adversaires des emplois qu'il leur avait donnés, confier les meilleures positions à ses partisans, réserver l'administration et la direction de ce grand appareil de gouvernement, de ce puissant générateur de force et de richesse, aux amis, aux hommes sur le dévouement desquels on croit pouvoir compter plutôt qu'aux hommes les plus capables et les plus dignes.

On feint de répondre à ces appréhensions légitimes en disant que les ministres étant responsables devant les Chambres et par suite devant le pays, il n'y a point à craindre de si criants abus. On sait ce que vaut la responsabilité ministérielle et l'estime où tiennent les esprits sérieux, ce contrôle lointain et onduleux du suffrage universel. Précisément c'est cette fluctuation, ce sont ces coups de majorité, ces échecs de cabinets qu'il faut redouter pour la marche d'une administration qui a, plus que pas une, besoin de stabilité et de longues préparations. On peut le dire, sans exagération, mettre les chemins de fer à la merci de la politique c'est diminuer leur action bienfaisante, restreindre leur développement, rendre plus difficiles les améliorations de services et abaisser la valeur du personnel.

Ces raisons devraient suffire pour faire repousser à l'égal d'un malheur public la mainmise de l'État sur la direction et l'exploitation des chemins de fer. Il en est d'autres qui seront mieux placées plus loin. A tout esprit droit et pratique, il paraîtra donc juste d'écarter du débat cette idée fausse qui veut que les chemins de fer soient avant tout un instrument de gouvernement, un besoin, une force de l'autorité publique, dont l'État seul doit être possesseur. Rien n'est plus faux, rien n'est plus dangereux, rien ne serait plus propre à hâter la décadence d'un pays.

On a dit quelquefois que les chemins de fer sont

avant tout un instrument de défense et, par conséquent, un engin de guerre. C'est une idée singu-
lière, mais on en rencontre de toutes sortes quand
on touche à ces questions. Ainsi, un instrument
permanent de circulation et de transport serait
avant tout affecté à un ordre de besoins accidentel
et passager de son essence? J'ai lieu de croire que
ceux qui parlent ce langage n'ont pas réfléchi qu'il
faudrait, si cela était vrai, remettre le service des
chemins de fer aux mains du ministre de la guerre,
et tenir le pays sous la loi de l'état de siège. C'est,
d'ailleurs, un soin inutile, puisque lorsque la guerre
éclate, le gouvernement a droit de réquisition sur
toutes les voies ferrées aussi bien que sur tous les
autres moyens de transport. Le législateur a même
poussé si loin la précaution à cet égard qu'il a déterminé d'avance les conditions dans lesquelles le
matériel roulant devrait être employé, et le dépar-
tement de la guerre n'a pas manqué de faire ap-
proprier ce matériel à ses besoins.

Il est incontestable que toutes les lignes, sans
exception, peuvent être utilisées dans les jours de
péril national et toutes deviennent à un degré quelconque des lignes stratégiques. Il y a donc lieu de
s'étonner que dans un projet de loi récemment soumis à la Chambre, l'auteur de la proposition ait
indiqué comme devant être nécessairement exploi-
tées par l'État une série de lignes composant suivant
lui un réseau stratégique.

Quelles sont les lignes stratégiques d'un pays?
Les connaît-on d'avance?—Celles qui aboutissent à
des forteresses?—Qui dit si ces forteresses auront
un rôle à jouer, qu'elles ne seront pas tournées,

qu'elles ne seront pas prises, et dès lors si d'autres lignes n'auront pas une valeur stratégique supérieure? Ou la proposition est puérile ou elle doit embrasser le réseau français tout entier. La loi a pourvu aux besoins accidentels de la guerre par le droit de réquisition; inutile d'insister.

Mais si les chemins de fer ne doivent être ni un instrument de gouvernement ni particulièrement un engin de guerre, que sont-ils? Ils sont un instrument commercial, industriel et agricole. Tel est leur véritable caractère; il ne faut pas l'aller chercher ailleurs. Par occasion ils peuvent devenir engin de guerre, comme ils sont en permanence et accessoirement un instrument de relations sociales et de plaisir; jamais on n'en doit faire un appareil politique. Ils sont une force d'État et dans l'État, mais non une force de gouvernement. L'État doit avoir sur eux contrôle en toutes choses et autorité en certains points; il leur doit son concours et parfois son initiative; il ne saurait sans un péril certain en briser les ressorts administratifs et commerciaux. Dans le cas unique où l'industrie privée serait incapable d'en entretenir les services, il aurait le droit d'y pourvoir, mais alors même son premier soin devrait être de remettre au plus vite dans le courant industriel une exploitation qu'il ne peut entreprendre sans augmenter les charges publiques, sans atténuer l'essor commercial, sans assumer des responsabilités inutiles ou dangereuses.

Ainsi débarrassée des spéculations politiques et sociales qui la masquent et la dominent, la question des chemins de fer apparaît dans toute sa simplicité et sous son caractère pratique elle se réduit à cette proposition: Est-il plus avantageux pour le pays que les chemins de fer soient exploités par l'État ou par des Compagnies?

Je parle de l'exploitation et non de la propriété, parce que la propriété n'est pas en litige. Les chemins de fer sont la propriété incontestable et incontestée de l'État, mais l'État en a aliéné la jouissance pour un temps déterminé et suivant certaines conditions. Ce n'est qu'en brisant le contrat qui le lie aux Compagnies qu'il peut rentrer prématurément en possession, et c'est ce que voudraient quelques hommes politiques dont les vues, comme je l'ai démontré plus haut, ne paraissent pas conformes aux intérêts qu'ils poursuivent ni aux intérêts bien entendus de l'État. Dans un espace de temps dont la moyenne est d'environ soixante-dix ans, l'État, par la fin des espèces d'emphytéoses consenties, rentrera en possession des lignes concédées sans être tenu pour cela à payer aucune indemnité. Dès lors, à quoi bon le rachat aujourd'hui sinon pour se rendre maître de les exploiter à sa convenance? La question se réduit donc bien à la proposition que j'exprimais tout à l'heure et il est inutile de l'en faire sortir. L'occasion se présentera plus tard d'exposer en ce point la situation réciproque des parties contractantes et les difficultés légales et financières contre lesquelles se heurteront ceux qui voudraient la prise de possession immédiate de toutes les lignes de chemins de fer.

III

GRIEFS SECONDAIRES, VITESSE ET MULTIPLICITÉ DES
TRAINS ; LES ACCIDENTS.

Qu'est-ce-que le monde nous envie ? Longtemps
on a cru qu'il enviait notre administration publique. Les exemples de l'étranger et les aveux de nos
publicistes nous ont détrompés sur ce point et nous
ont ramenés à une appréciation plus modeste de
notre bureaucratie.

Est-ce notre service des postes ? Malgré quelques
améliorations de détail importées du dehors, il est
pourtant bien au-dessous du même service en
Angleterre et surtout en Allemagne. Il suffit d'avoir
perdu une demi-heure devant un étroit guichet
avec l'intention de recommander une lettre sans y
parvenir, pour être persuadé qu'il reste «quelque
chose à faire ».

L'Etat est fabricant de cigares et vend des tabacs
de toutes sortes ; il en tire un très gros revenu, mais
il n'est pas démontré qu'il n'en tirât pas un rendement supérieur si la matière était travaillée et
vendue par des particuliers soumis à l'impôt. Dans

tous les cas il éviterait ainsi l'inconvénient d'entendre dire partout que son tabac est détestable.

L'État fabrique des porcelaines; c'est admirable; ses produits sont des objets d'art et coûtent fort cher. Il tisse des tapis et ne les vend pas ; personne ne voudrait les payer au prix de revient.

L'État fait encore le métier d'imprimeur. Son imprimerie est la dernière du monde pour l'emploi des procédés perfectionnés et la première pour l'argent qu'elle absorbe sans en rendre.

Pourtant l'étranger admire quelque chose en France, il en admire même beaucoup, mais entre toutes nos administrations de chemins de fer. Les Compagnies de France sont des modèles de gestion économique, de prudente conduite et de soin apporté à faire fructifier cette portion importante de la fortune publique qui leur a été confiée. Nulle part cette grande industrie n'a donné des résultats comparables, nulle part n'ont été mieux équilibrés les bénéfices avec les besoins si variés et si multiples de l'Etat et des populations.

Les Compagnies ont fait de gros bénéfices, c'est un des griefs que l'on invoque contre elles ; les plaintes seraient bien mieux fondées si elles avaient fait banqueroute comme beaucoup de lignes anglaises ou si elles ne donnaient à leurs actionnaires que deux, à trois pour cent comme en beaucoup de pays. Si ces profits étaient exagérés, s'ils ne tiraient pas leur origine d'une bonne administration, le commerce s'en plaindrait autrement qu'il ne fait et le développement du trafic ne s'accroîtrait pas dans les proportions que l'on connaît.

L'abaissement des tarifs et l'augmentation de la

vitesse, tels sont les motifs sur lesquels s'appuient les partisans du rachat des chemins de fer par l'État. On verra plus loin si ce sont là les vraies raisons. On ajoute à l'expression de ces besoins quelques autres désirs fort légitimes et si bien compris que chaque jour marque un effort nouveau pour les satisfaire.

Construits parmi les premiers, les chemins de fer français n'ont pas pu comme ceux des pays venus après nous, profiter de l'expérience d'autrui et du premier coup employer un matériel perfectionné. Ce n'a été que peu à peu qu'on a pu améliorer les gares, les modes de signaux, la voie et surtout le matériel roulant. Il est remarquable que les personnes qui se plaignent le plus des voitures des chemins de fer français sont des étrangers qui ne trouveraient pas à beaucoup près chez eux le même confortable au même prix. Mais il est d'un bon Russe ou d'un bon Anglais de tout voir chez soi d'un bon œil et de dénigrer par esprit de patriotisme tout ce qui se fait ailleurs. Nous n'avons pas en France le même travers. Je ne conseillerais pas de prendre ces jugements trop au pied de la lettre, et d'aller s'assurer par soi-même de leur sincérité; on en pourrait revenir fort déçu.

Ce qui est incontestable, c'est que chaque pays, suivant son climat, suivant la longueur des parcours à effectuer, la nature des contrées traversées, suivant même l'État social du pays, a un matériel pour les voyageurs ordonné et construit de différentes manières. Il en est de même en France, où les lignes à long parcours introduisent parmi leurs voitures des compartiments plus confortables, des coupés-lits, des salons, qui sont plus rarement employés sur les lignes courtes comme celles du chemin de fer du Nord. Enfin, pour ces voyageurs exigeants, assez riches pour payer leurs places en France aussi cher qu'ils la payent chez eux, une entreprise particulière leur offre les sleeping-cars, qui ne changent ni de forme, ni de dimensions, ni de moelleux en passant la frontière.

D'ailleurs, cette portion du matériel roulant, la seule qui fasse naître des critiques, est l'objet d'une amélioration continue qui, pour ne pas être opérée par soubresauts, n'en a pas moins transformé complètement les voitures de première classe. Les secondes sont restées à peu près ce qu'elles étaient, meilleures qu'en Angleterre, moins bonnes qu'en Allemagne, supérieures à la moyenne de ce que l'on rencontre à l'étranger. Les troisièmes classes au contraire se sont métamorphosées à l'avantage du public, et il n'est aucun pays au monde où elles satisfassent aussi bien les données d'un programme démocratique. La dernière amélioration dont elles ont été l'objet, c'est le chauffage des voitures pendant la saison rigoureuse. Excepté en Russie, où le chauffage de toutes les voitures s'impose comme une question de vie ou de mort, je ne crois pas qu'en aucun autre pays on ait poussé la sollicitude pour les voyageurs peu fortunés aussi loin qu'en France.

On a demandé que les trains de voyageurs devinssent plus rapides; il en a été organisé sous ce nom qui parcourent de 70 à 80 kilomètres à l'heure. Il serait singulièrement dangereux de dépasser cette vitesse. Mais on a demandé aussi que les trains omnibus soient transformés en express. La vitesse des trains ordinaires, excepté sur certaines petites lignes où le petit rayon des courbes et la raideur des pentes interdisent d'aller vite, est à peu près la même que celle des trains express ; le temps de ralentissement à l'approche des stations, la multiplicité des arrêts imposée par les intérêts locaux, sont à peu près les seules causes de différence dans la vitesse des deux espèces de trains ; quoi que l'on fasse on ne parviendra jamais à la faire disparaître.

On n'obtiendra jamais non plus qu'à toutes les bifurcations les trains montants et descendants des grandes lignes s'accordent parfaitement avec les trains montants et descendants des lignes secondaires, de manière à éviter aux voyageurs provenant de toutes les directions des heures d'attente durant lesquelles n'ayant rien de mieux à faire chacun s'épanche en récriminations contre l'organisation vicieuse des trains. C'est un soulagement pour l'ennui que l'on éprouve. Le plus gros des griefs invoqués contre les administrations de chemins de fer, celui du moins dont on fait le plus de bruit dans la presse et qui touche le plus la foule, c'est l'accident suivi de mort. Chaque fois qu'il se produit une catastrophe comme celle de Levallois ou de Charenton, il s'élève une rumeur menaçante qui décèle une âme plus sensible qu'une intelligence éclairée. Certains journaux ne laissent pas échapper l'occasion de caresser la clientèle populaire, et, sans croire un seul mot de ce qu'ils disent, ils accusent les Compagnies, font entendre qu'elles ont préparé l'accident par leur né-

gligence, leur lésinerie, leur outillage défectueux.
On va jusqu'à dire que les indemnités en cas d'accident étant prévues et inscrites au budget des Compagnies, et leur montant se trouvant notablement inférieur aux dépenses qu'il faudrait faire pour doubler le personnel sur les points dangereux, il y a économie à tuer les gens et à ne point doubler les aiguilleurs. C'est vouloir trop prouver. Cent aiguilleurs de plus sur le réseau de Paris-Lyon-Méditerranée ne coûteraient guère que deux cent mille francs par an, et s'ils pouvaient conjurer tous les accidents, ils feraient faire à la Compagnie une économie de plus de cinq cent mille francs. Il y a donc apparence que les administrateurs de cette ligne, qui ne sont guère moins intelligents que les auteurs de ces écrits, auraient depuis longtemps augmenté leur personnel s'il eût dû en résulter pour la Compagnie une plus grande régularité et une plus grande exactitude dans le service. Je m'assure d'ailleurs qu'ils se sentent un peu plus émus d'un malheur qui les touche d'assez près que l'écrivain facétieux qui en prend occasion de jeux de mots et de plaisanteries déplacées.

Il faut se résigner à voir se produire des accidents sur les chemins de fer aussi longtemps qu'on se servira de ce moyen de locomotion. Le moyen sûr d'y échapper c'est de ne pas leur confier son existence et de réserver aux voitures traînées par des chevaux le soin d'augmenter pour le voyageur les chances de mort. Il est remarquable en effet que le nombre des accidents résultant de locomotion a considérablement diminué, depuis l'emploi des chemins de fer, en proportion du nombre des voyageurs transportés. On compte aujourd'hui à peine une victime sur un million de personnes transportées par les chemins de fer en France ; la proportion était autrefois de un sur mille lorsqu'on se servait de malles-postes et de diligences.

Les accidents sont moins fréquents en France que sur la plupart des réseaux étrangers, en Angleterre, en Amérique ; on voudrait qu'ils disparussent tout à fait : c'est un désir bien légitime, mais je ne pense pas que les Compagnies non plus que l'Etat soient en mesure d'atteindre jamais à un si haut point de perfection. Il faudra toujours employer des hommes pour manœuvrer les engins de locomotion et les appareils de la voie. Ces appareils et ces engins eux-mêmes seront toujours une œuvre humaine, c'est-à-dire imparfaite, et la matière dont ils sont fabriqués sera toujours soumise aux mille lois de la nature dont beaucoup sont encore enveloppées de mystère. Peu à peu les procédés se perfectionnent ; l'imagination et la science combinées inventent des moyens nouveaux pour atténuer ou corriger les défaillances de l'homme, pour multiplier les précautions, améliorer les appareils mécaniques et rendre plus efficaces les moyens d'avertissement. L'expérience enfin accumule les données qui permettent de prévoir les accidents et d'en diminuer la gravité. Mais que ce soit l'Etat, que ce soient les Compagnies qui exploitent, jamais les prévisions n'embrasseront toutes les causes d'accidents qui peuvent se produire ; pût-il toutes les connaître, l'esprit humain resterait impuissant à les écarter et non moins impuissant à en conjurer les effets. On peut même soupçonner, sans faire injure à l'Etat, qu'il serait moins apte que des Compagnies particulières à se sentir ému des catastrophes, en raison des hauteurs où il plane et de l'impersonnalité qui est un de ses caractères essentiels.

De tous les griefs secondaires qui sont invoqués contre les Compagnies, il n'en est pas un qui ne s'élevât également contre l'exploitation par l'Etat. Pour être soumis à l'un ou l'autre de ces régimes, l'homme ne change pas de nature, les lois physiques ne se plient pas plus aisément à la volonté humaine, ni la matière ni l'esprit à ses commandements. Il faut donc écarter du débat tout ce qui ne peut subir aucun changement du mode d'exploitation adopté, et ceci nous conduit à examiner les aptitudes propres de l'Etat et des Compagnies pour le service qu'on leur demande.

IV

APTITUDE TECHNIQUE, INAPTITUDE COMMERCIALE
DE L'ÉTAT

L'Etat n'est pas moins apte que les Compagnies privées à diriger et administrer une entreprise ou un réseau de chemins de fer pourvu qu'il le voulût bien. Il est vraisemblable de penser que si l'Etat succédait aux Compagnies dans l'exploitation du réseau national ou même dans l'exploitation d'une fraction de ce réseau, il ne se priverait pas du concours d'un personnel expérimenté et qui a donné des preuves de capacité et d'intelligence. La plupart des ingénieurs qui sont à la tête des différents services sortent des écoles du gouvernement; à tous les degrés de la hiérachie on y rencontre d'anciens élèves des Ecoles des ponts et chaussées et des mines, de l'École centrale des arts et manufactures; le personnel des mécaniciens compte un grand nombre d'élèves des écoles d'arts et métiers; enfin les directions supérieures, les conseils d'administration sont peuplés d'anciens inspecteurs des services publics, d'anciens chefs d'administration de l'Etat, voire d'anciens ministres, de hauts représentants de la banque, de la finance et de l'industrie dont le savoir spécial, l'expérience et l'habitude des affaires, en même temps que le caractère honorable et la position indépendante, constituent les éléments précieux d'une excellente gestion.

Le gouvernement ferait une faute grossière si, dans la transformation qu'il médite, il se privait de cette force tout organisée. Bien conseillé, il ne changerait rien ou presque rien à ce qui existe aujourd'hui ; s'il le faisait, pour satisfaire à des intérêts de parti, il en porterait tôt la peine ; il désorganiserait les services, s'exposerait à des écoles onéreuses, à des expériences dangereuses et finalement compromettrait les intérêts de toute sorte qui lui seraient confiés. L'essai ne serait pas long ; l'Etat serait promptement jugé incapable d'exploiter par lui-même ; jugement erroné cependant, car l'incapacité ne découlerait pas du mode d'exploitation, mais de l'ineptie et des funestes volontés de ceux qui ayant introduit dans son application des élémens étrangers, la faveur, la politique, l'esprit de parti, auraient substitué leurs intérêts particuliers à l'intérêt de l'Etat.

Moins soumises que les gouvernements à ces influences pernicieuses, les Compagnies elles-mêmes n'en sont pas complètement affranchies, et l'on a pu malheureusement observer depuis quelques années qu'elles n'étaient pas toujours assez fortes en face du gouvernement et même en face des députés pour demeurer maîtresses de leur personnel moyen ou subalterne. Que de fois dans ces derniers temps n'a-t-on pas vu l'indiscipline se glisser parmi des employés dont la subordination et l'exactitude dans le service sont indispensables pour les intérêts du commerce et la sécurité des voyageurs? On voudrait les congédier, mais le député s'y oppose et le ministre, qui a besoin de majorité dans la Chambre, appuie le député.

Ces pratiques trop fréquentes à l'égard des Compagnies, mais qui ne sont au demeurant que des exceptions, ouvrent de singulières perspectives sur ce que deviendrait le personnel inférieur des chemins de fer sous l'influence des besoins ministériels et des majorités parlementaires. Il est très vrai qu'en ce point l'Etat se montrerait inférieur aux Compagnies ; il se défendrait avec moins d'énergie et n'aurait pas cette espèce d'indépendance qui fait leur force contre des prétentions injustes. Néanmoins il faut reconnaître que l'administration technique et financière de l'Etat ne saurait être en principe inférieure à celle des Compagnies concessionnaires. Ceci posé, on voudra bien admettre qu'en tous les autres points l'Etat n'a pas capacité ni aptitude pour conduire et faire fructifier une entreprise de transports.

L'Etat n'est pas un commerçant et ne peut pas l'être. De son essence il domine tous les intérêts privés ; il en est le régulateur, et n'en peut être ni le promoteur ni le serviteur; il ne peut ni composer avec eux, ni les solliciter ni s'appliquer à les développer, à en faire naître de nouveaux pour se procurer l'avantage de les satisfaire. Il ne peut discuter avec le client, débattre des prix, compenser les avaries, déterminer des indemnités, stipuler des conditions d'accommodement.

L'État de sa nature est souverain ; il dicte des lois, il réglemente, il a la raideur anticommerciale de toute administration publique, il commande, il ne plie pas. Il pose des règles absolues devant lesquelles ses concessions sont des grâces et ses actes d'équité des faveurs. Sa devise est celle de la divinité chez le poète: *Sic volo, sic jubeo;* trop heureux s'il n'ajoute pas : *Sit pro ratione voluntas.*

Cette volonté même il ne peut la souffrir en échec; il est parfait, il est infaillible. Dans ses caisses, il n'admet pas l'erreur, dans ses services, il n'admet pas la responsabilité; du moins il la limite à son gré et lèse l'intérêt privé sans sourciller. C'est l'intérêt particulier ; lui, il est l'intérêt général, ou du moins il a la prétention de l'être.

Ne confiez rien à la poste si vous tenez à une responsabilité réelle, ne confiez rien au télégraphe s'il y va d'un intérêt grave. Les erreurs ne sont pas comptées, l'heure d'arrivée n'est pas garantie ; même le départ n'est pas assuré.

Appliquées aux transports commerciaux, les pratiques usuelles de l'Etat sont impossibles. Le commerce a besoin de trouver devant lui un transporteur malléable en raison de la diversité de ses intérêts et des modifications fréquentes qu'ils subissent; il a besoin qu'on l'écoute, que l'on discute avec lui sur un pied d'égalité parfaite; cette égalité est-elle possible quand c'est l'Etat qui écoute et discute? Il a besoin de sécurité, de responsabilité, de faire compte du temps perdu. Or la responsabilité de l'État est dérisoire, la sécurité qu'il offre aux intérêts n'est que de mine, et le temps n'existe pas pour lui.

En un mot, le commerce a besoin de trouver devant lui un commerçant et non un fonctionnaire. Quoi que l'on fasse, un employé des chemins de fer de l'État sera toujours un fonctionnaire, comme l'employé des postes ou des télégraphes. « Voici les cigares que nous vendons, dit l'employé des tabacs. Vous les trouvez mauvais ! Tant pis pour vous ; nous n'en avons pas d'autres. » Et le consommateur, s'il est riche, en fait venir à grands frais du dehors. Pour un objet de luxe et d'une parfaite inutilité comme le cigare, le mal n'est pas bien grand ; mais appliquez ces procédés aux transports, et voyez ce qui va arriver !

Je suis entrepreneur. On m'appelle moi et mon matériel pour étayer et reprendre en sous-œuvre un clocher qui menace ruine. J'ai des pièces de charpente qui ont quinze mètres. Le cas n'a pas été prévu dans les tarifs ; il est tellement exceptionnel ! Il faut d'ailleurs un matériel roulant tout spécial, des trucs et un train combinés de telle façon que leur circulation ne puisse gêner le transport ordinaire des marchandises et des voyageurs. C'est une affaire à débattre. Adressez une demande au directeur. Mais le directeur n'est pas compétent. Comme il s'agit d'un fait nouveau et qui n'a pas été prévu, il faut en référer au ministre, et le ministre soumet le cas au conseil supérieur des chemins de fer. Étude, rapport, décision, en allant très vite, il faudra au moins trois mois pour obtenir une solution. Pendant ce temps-là le clocher s'écroule, et quand les échafaudages arrivent à destination, il ne s'agit plus de l'étayer, mais de le reconstruire. Autre exemple. Je suis viticulteur ;

le phylloxera a détruit mes vignes; je veux y subs_
tituer la culture de la betterave. Ce sera nouveau
dans le pays, qui n'a jamais vu ce phénomène
et qui ne possède pas une fabrique de sucre. Mais
je me suis entendu avec une usine située à 200 kilomètres. Comme ma betterave est très riche, elle
peut supporter les frais de transport à la condition qu'on me fasse un prix réduit. Le cahier des
charges interdit tout traité particulier, mais il ne
défend pas aux Compagnies d'introduire dans les
tarifs spéciaux un prix particulier pour tel ou tel
produit, à la condition que ce traité pourra
être réclamé par tout le monde. La Compagnie
après avoir pesé le pour et le contre, fixe un prix de
transport aussi réduit que possible et décroissant
avec la distance. Le nouveau tarif est homologué
facilement, puisqu'il s'agit d'une diminution de
prix, et voilà peut-être fondée pour un pays appau-
vri par le fléau une source de profits réparateurs.
Car j'aurai des imitateurs; à la place de vignes
arrachées on cultivera la betterave riche, et là où
l'on ne transportait plus rien hier on transportera
beaucoup demain. C'est au premier chef une affaire
commerciale.

Supposez l'Etat à la place de la Compagnie, et
voyez ce qui va se produire. Le chef de station est
prévenu; il aura à tenir cent, deux cents, cinq
cents wagons propres à transporter la betterave
à la disposition de l'agriculteur, à partir du 25 oc-
tobre, et cela pendant six jours. D'abord le chef de
station s'étonne : on n'a jamais transporté de betteraves dans le pays. Il avertit ses chefs. Les
chefs s'étonnent plus que lui. Des betteraves! On

n'a jamais rien vu de pareil. Il faut en référer au directeur. Celui-ci est actif, intelligent, expérimenté ; il va faire venir du matériel des pays de mines pour l'appliquer à l'agriculture. Halte·là ! Le cas n'est pas prévu. Il faut s'entendre avec un autre chef du réseau voisin et lui emprunter des wagons. Cela se fait aujourd'hui, et il n'y a pas de raison pour que cela ne puisse se faire sous la direction de l'État. Oui, mais il y a des formalités à remplir. Entre Compagnies, deux chefs de service s'entendent à demi-mot ; entre fonctionnaires de l'Etat, il faut des formes et des formalités, des promenades de papier à travers les bureaux, un paisible sommeil dans les cartons, une discussion en conseil et le reste.

A la vérité l'Etat, prenant exemple sur les Compagnies ou continuant leurs traditions, pourait abréger les délais et réduire les formalités : il le ferait certainement et investirait ses chefs de service d'une autorité égale à celle dont ils sont armés aujourd'hui dans les Compagnies. Sans doute il s'exposerait par là à des interpellations sans nombre devant le Parlement, car contre tout ce qui n'a pas encore été fait il y a toujours le pour et le contre, et si la betterave est favorisée, l'huile prétendra l'être aussi, et le chanvre, et les fruits, et les légumes. On tendra à réclamer sans cesse l'unité de tarif pour l'unité de poids, par unité de distance ce qui est chose absurde et aussi peu commerciale qu'il est possible, mais ce qui est une conséquence de l'idée d'égalité absolue caressée par les esprits chimériques dont l'action est très puissante sur le peuple.

Je suppose pourtant que le gouvernement soit assez fort pour braver l'ineptie publique et qu'il tienne bon pour le système et les procédés que l'expérience a dictés aux Compagnies, il se trouvera toujours arrêté par cette question de tarif qui n'a pas été prévue pour la betterave, celle-ci ayant jusqu'ici voyagé à petite distance et dans les contrées du Nord. Pour faire un tarif spécial à la betterave dans le Midi il faudra que les agriculteurs le demandent longtemps à l'avance, car l'Etat ne saurait y penser de lui-même et le prévoir; la première année du moins, quand on obtiendra le nouveau tarif, les betteraves seront pourries depuis longtemps.

Il en sera des voyageurs comme des marchandises. Une société d'art ou de science, un corps de musique, un orphéon, veut se transporter d'un point à un autre pour un concours, pour une œuvre de charité, et demande un abaissement de tarif. J'admets que la direction locale ait des règles tracées pour le cas; qu'il soit permis pour un certain nombre de voyageurs groupés ensemble dans le même but, de concéder une diminution d'un quart ou même de moitié du prix de transport: si, sur bonnes et valables raisons, il se présente un groupe demandant une réduction plus considérable et qui serait pourtant largement rémunératrice pour la ligne, la direction pourrait-elle l'accorder? Tous les cas n'ont pu être prévus. Un chef de service avisé, un administrateur délégué dans une Compagnie se demandera s'il est plus avantageux d'admettre la demande que de la repousser, et il prendra sa détermination en conséquence.

Un employé de l'Etat ne le pourra pas faire ; il ne pourra rien prendre sur lui de peur d'être désvoué ou de n'être pas compris. L'esprit industriel et commercial n'animant point la direction, elle ne se pliera pas aisément à ces concessions, à ces compromis, ou bien lorsqu'elle les aura jugés conformes aux intérêts des deux parties contractantes il sera trop tard pour en faire profiter ceux qui les auront réclamés. La demande sera faite en janvier et la réponse arrivera en juillet, ainsi que cela s'est vu naguère sur une ligne exploitée par l'Etat.

Toutes ces opérations que je viens d'examiner sont des opérations commerciales ; j'ai cité des exceptions ; elles sont nombreuses, il s'en produit presque chaque jour, et l'on peut dire que depuis que les chemins de fer existent on a été d'exceptions en exceptions avant d'arriver à un état à peu près normal. Il a fallu chaque jour de l'année jouer le jeu de l'offre et de la demande, discuter des conditions, présenter des avantages accessoires pour déterminer le marché principal; il a fallu plus encore, prévoir les besoins futurs et faire jaillir des sources nouvelles de transports rémunérateurs, en favorisant par certains transports onéreux des industries naissantes ou des cultures maladives.

C'est ainsi que le Nord sème à bas prix la houille sur son réseau et fait sortir de terre tant d'usines qui lui confient ensuite le transport de leurs fers, de leurs verreries, de leurs faïences, de leurs sucres, tous produits riches qui peuvent payer largement et compenser la perte ou le défaut de bénéfice dans le transport des charbons.

C'est ainsi que par un trait de génie pratique la Compagnie d'Orléans transporte sans y rien gagner des marnes dont la Sologne a besoin et qui lui manquent absolument. Mais la Sologne commence à lui donner et lui donnera plus abondamment plus tard des transports avantageux, bois, céréales, bestiaux, qui compenseront largement les sacrifices renouvelés depuis vingt-cinq ans. Si ce n'est pas là un intérêt, un très grand intérêt général satisfait, de quel nom faudra-t-il donc l'appeler? Et qui l'a inspiré? L'intérêt privé de la Compagnie. L'État n'aurait pu se permettre une spéculation de cette nature et jouer ce jeu essentiellement commercial de « qui perd gagne ». Il ne lui est permis de satisfaire que des intérêts nés, il ne peut établir ses calculs sur les intérêts à naître, et cette considération seule suffirait pour que l'on condamnât l'exploitation des moyens de transport par l'État.

La Compagnie de Paris-Lyon-Méditerranée, sur laquelle il est d'usage de vider le carquois de la malice gauloise, a fait mieux encore. Elle s'est bien vite aperçue du dommage que le phylloxera portait à son industrie de transport: moins de vins produits, moins de vins transportés. Bien que l'étranger soit appelé à suppléer au déficit de la production nationale, il a paru à la Compagnie de Paris-Lyon qu'elle avait plus d'avantage à transporter des vins français que des vins italiens; son intérêt était lié à l'intérêt des pays que ses lignes sillonnent. Elle s'est mise immédiatement à l'œuvre et a cherché par quels moyens efficaces on pourrait combattre le fléau. Elle a affecté depuis cinq ans des sommes considérables à leur recherche ; elle a établi des champs d'expériences où des ingénieurs et un personnel spécial ont fait des essais soutenus avec les sulfocarbonates et le sulfure de carbone. Ces champs sont ouverts à tout le monde et les viticulteurs peuvent y venir prendre des exemples et étudier les procédés. Une médaille d'or solennellement décernée au promoteur de ces utiles travaux, à M. Talabot, a dernièrement montré au vulgaire inattentif l'importance qu'on devait y attacher et l'estime où les hommes du métier tenaient l'œuvre. La Compagnie a-t-elle, en la poursuivant, obéi à un mobile de pure gloriole ? Les Compagnies industrielles n'ont point de ces dévouements platoniques. Elles se dévouent volontiers à l'intérêt d'autrui s'il en doit sortir pour elles un avantage réel et tangible ; prévoir cet avantage et en préparer l'avènement par des sacrifices intelligents et productifs, c'est le fait d'une administration prévoyante mais aussi d'une administration indépendante, sûre qu'elle ne sera pas désavouée ni même discutée, et qui ne sera pas mise en péril pour avoir fait le bien sans se préoccuper qu'on en comprît tout d'abord l'efficacité et la portée. Un gouvernement ne saurait ni oser ni poursuivre une pareille entreprise ; il lui serait même impossible de la concevoir, parce qu'il se sentirait d'avance incapable de l'exécuter.

Ces excitations soutenues de l'intérêt des Compagnies en vue des satisfactions à offrir à l'intérêt général, sont la source féconde d'améliorations continues dans le service, de facilités à offrir au commerce et finalement de l'abaissement des tarifs. Nul n'y est plus intéressé que le transporteur lui-même, car par là il multiplie l'emploi de son matériel fixe et roulant, il augmente le chiffre de ses affaires sans accroître ses frais généraux. Il vise un but bien évident, bien précis, qui est de gagner le plus d'argent possible; et comment en gagnerait-il s'il décourageait son client? Le lucre est le stimulant par excellence du commerce des transports comme de tout autre commerce; il sollicite le zèle, l'imagination, le travail et pousse, comme on l'a vu, jusqu'au dévouement. L'État se trouve-t-il dans les mêmes conditions? Tend-il au même résultat? Il est bien évident que non. Il ne peut pas viser à gagner le plus possible, mais à gagner seulement assez pour servir l'intérêt du capital engagé et pourvoir à son amortissement, pour satisfaire enfin à une part afférente des charges publiques. Il lui manque l'excitant qui tient en éveil les Compagnies; il n'a point d'intérêt au delà de ses besoins directs et n'en pourrait invoquer sans se rendre odieux. L'imagination, chez lui serait un défaut, le travail n'y est jamais excessif, et jamais on ne lui a connu du dévouement. L'État est une sorte d'idole inflexible qui n'est à sa place que dans son sanctuaire; si vous l'appelez sur le marché, si vous la mettez dans un comptoir, elle perd son prestige sans y gagner aucune aptitude, vous lui enlevez son caractère sans lui donner une seule des qualités qui lui seraient nécessaires.

V

LE MONOPOLE ET LA CONCURRENCE

Le monopole des Compagnies est plus apparent que réel. Il n'existerait en réalité que si l'État s'emparait de tout le réseau national. Aussi dès que le bruit se répandit du rachat des lignes de la Compagnie d'Orléans par l'État et qu'un acte législatif fut intervenu, — le dépôt des conclusions de la Commission des chemins de fer tendant au rachat du réseau entier d'Orléans, — il s'éleva un cri formidable dans tous les centres de commerce contre le mode d'exploitation par l'Etat.

D'où vient que jamais auparavant pareille clameur ne s'était fait entendre contre les Compagnies ? Il est impossible en effet de considérer comme un mouvement sérieux d'opinion l'agitation factice provoquée il y a quelques années par un spéculateur dont le nom est demeuré fameux dans l'histoire des désastres financiers. M. Philippart prétendait créer des lignes concurrentes aux grandes lignes du premier réseau, et ayant échoué dans sa tentative directe, il s'était rejeté sur les petites lignes du troisième réseau concédées à des Compagnies besogneuses, incapables pour la plupart de remplir leurs engagements. Ces tronçons habilement réunis entre eux par des concessions nouvelles auraient constitué avec le temps des lignes concurrentes qui n'auraient sans doute pas une grande influence sur le service des voyageurs, mais qui auraient certainement détourné à leur avantage une partie du transport des marchandises par des tarifs abaissés et peut-être par une plus grande vitesse dans la transmission. Devant cette perspective, les esprits superficiels furent ravis. Ils croyaient entrevoir l'âge d'or des transports à bon marché, et aujourd'hui encore il se rencontre des gens qui ont gardé cette illusion.

L'auteur de ces beaux projets de lignes concurrentes n'était qu'un spéculateur. Il ne poursuivait pas la pensée d'établir un courant normal de dérivation. Je m'assure que l'intérêt commercial le préoccupait médiocrement et que l'avenir pour lui n'était pas très lointain. La réunion entre les mains d'une Compagnie puissante de tous ces bouts de lignes n'était qu'une menace, une manœuvres stratégique pour obliger les grandes Compagnies à racheter les morceaux épars de son réseau avant même qu'ils ne fussent réunis. L'eussent-ils été, le résultat eût été à peu près le même. L'exemple de l'Angleterre et de l'Amérique montre que l'établissement de lignes parallèles ou concurrentes a pour effet indirect et définitif la surélévation des tarifs. La raison en est claire. La construction de deux lignes concurrentes oblige à dépenser un double capital.

Il n'en est pas des chemins de fer comme de la navigation, où la dépense est tout entière dans son matériel mobile dont il est toujours facile de changer la direction si la concurrence devient onéreuse. Dans les chemins de fer, il y a la voie avec ses terrassements, ses travaux d'art, ses stations qui ne peuvent être déplacés. Tout est perdu si la circulation s'arrête, et elle s'arrête si, pour obéir à la concurrence, le prix de transport cesse d'être rémunérateur. A la rigueur l'entreprise de transport peut ne pas gagner; alors elle ne sert point d'intérêts à son capital; mais le jour où elle commence à perdre, il faut que le trafic soit suspendu. Qu'arrive-t-il alors? C'est que deux lignes qui s'étaient fait une concurrence acharnée et s'étaient ensemble précipitées vers la ruine, se concertent, s'entendent, se coalisent si elles demeurent séparées, se fondent si elles unissent leurs intérêts et constituent finalement ce véritable monopole que l'on avait voulu éviter. Comme il n'y a plus de concurrence et qu'il ne peut plus y en avoir, les tarifs se relèvent jusqu'au maximum possible, le transport fait la loi à la marchandise et la réduction se métamorphose en charges plus lourdes qui ne pourront plus être réduites, car il faudra servir un double intérêt à un double capital et pendant un temps faire des réserves pour couvrir les pertes antérieures, subies pendant la période de rivalité.

Loin d'être profitable à l'intérêt général du commerce et des consommateurs, l'établissement de lignes de chemins de fer concurrentes est, à coup sûr, dans un temps donné, un grave dommage qui lui sera infligé et un empêchement certain à tout abaissement dans les tarifs, à toute amélioration dans les services et dans le matériel. Aussi les esprits éclairés ont-ils renoncé à faire intervenir les lignes concurrentes dans les discussions sur les questions multiples que soulève l'exploitation des chemins de fer. Tout au plus demandent-ils maintenant l'augmentation du matériel et le doublement des voies sur certaines lignes encombrées. Le matériel, les Compagnies ont intérêt à l'augmenter et elles l'augmentent tous les jours; quant au doublement des voies, c'est l'affaire des ingénieurs, et sans prétendre qu'il ne sera pas un jour ajouté une voie montante et une voie descendante à certaines artères près des grands centres de population, on n'y peut procéder qu'avec les plus grandes précautions et en construisant des travaux de croisement analogues à ceux que la Compagnie du Nord a établis dans la plaine de Saint-Denis. Autrement les doublements de voies ne feraient que multiplier les causes d'accidents.

La concurrence en matière de chemin de fer ne s'établit donc pas dans les conditions ordinaires. Elle ne saurait être directe sans devenir onéreuse. C'est dans la concurrence indirecte qu'il faut chercher le remède à ce qu'il peut y avoir d'excessif en apparence dans le monopole dont jouissent les Compagnies.

Tout d'abord un monopole réglé et limité par des cahiers des charges fort étendus, par des maxima de tarifs relativement bas, par des obligations variées, par une réglementation sévère, par une

surveillance et un contrôle permanents de l'État,
un monopole qui partage ses bénéfices avec le Trésor public, est-il, à proprement parler, un monopole? Je ne pense pas que l'on puisse appliquer
justement ce mot à l'industrie des transports par
voies de fer telle qu'elle est constituée en France.
Elle a d'ailleurs des concurrents directs, qui sont
les canaux, les routes ordinaires, en quelques
points des voies ferrées établies sur ces routes,
le cabotage sur les côtes et même les Compagnies
voisines, sans parler des chemins de fer des contrées limitrophes de notre territoire. Dans tous
les cas c'est un monopole singulièrement res-
treint.

La concurrence offre une physionomie complexe quand il s'agit de moyens de transport. Dans
une *Etude sur le régime général des chemins de
fer* (1), un ingénieur de l'État,.M. L. Choron, ex-
plique fort bien en quoi consiste ce que l'on pourrait appeler la concurrence automatique. Le prix
du transport n'ajoute rien à la valeur propre de la
marchandise; un simple déplacement n'est pas
un accroissement de valeur. Dès lors la marchandise ne se met en route que si elle trouve avantage
à le faire, si, étant demandée à distance, elle rencontre des moyens de transport qui lui permettent

1. Ce livre dans lequel on peut puiser à pleines mains des
renseignements et des idées, n'est malheureusement pas à
la portée de tous les esprits ; il est écrit sous une forme
démonstrative et presque mathématique qui le place hors
de pair, et bien au-dessus des vues courtes. Sans ce glorieux
défaut du livre de M. Choron ces pages-ci seraient inutiles,
et on ne se serait pas donné la peine de les écrire.

d'arriver à temps et à un prix qui soit encore rémunérateur. Si la marchandise ne trouve pas devant elle ces conditions réalisées, elle reste en place.

Cependant le transport ne peut être opéré aux dépens du transporteur; un bénéfice doit être nécessairement réalisé à son profit. La marchandise doit donc payer le prix de revient du transport, plus un salaire qui constituera le bénéfice. De là des combinaisons de prix et de traction, qui satisferont à ce double besoin: transporter à bon marché et gagner pourtant dans l'entreprise de transport. C'est une véritable science, la science des tarifs. On n'y peut arriver pour les lignes sans concurrence directe que par une étude approfondie des besoins à satisfaire aux différents points de la ligne et même bien au delà, de la valeur absolue et relative des objets à transporter, des avantages que le producteur et le consommateur peuvent en retirer et du maximum qui peut être livré au transport.

Cette étude longue, patiente, ne conduit pas toujours à rencontrer le point juste qu'il ne faut pas franchir, - le point d'équilibre en deçà duquel la marchandise se déplacerait sans augmenter la somme de ses déplacements. On n'atteint souvent ce point d'équilibre qu'après de longues expériences et de laborieux tâtonnements.

C'est cette loi des besoins combinés et contradictoires qui constitue la concurrence automatique dont je parlais plus haut, une concurrence qui se règle d'elle-même et dont le ressort est caché dans l'inertie naturelle de la marchandise, dont le point d'arrêt est marqué par le maximum des objets à transporter.

C'est l'idée formulée à la manière d'un axiome dans cette phrase, devenue fameuse, d'un ancien directeur de la Compagnie d'Orléans : « Le vrai principe en matière de tarifs est de faire payer à la marchandise tout ce qu'elle peut payer (1). » Les esprits courts n'ont pas compris cette proposition si juste, et les esprits dépourvus de droiture l'ont détournée de son vrai sens. Faire payer à la marchandise tout ce qu'elle peut payer, c'est la loi de l'offre ; imposer par l'inertie la volonté de ne payer que le moins possible, c'est la loi de la demande. C'est entre ces deux termes que les prix se débattent, sont étudiés et finalement acceptés de part et d'autre. Les diminutions et la multiplicité des tarifs sortent de là ; les combinaisons de transport, de vitesse, d'aller et retour, ont même origine. L'Etat, s'il fondait le monopole dangereux qu'il semble convoiter, serait assujetti aux mêmes obligations, soumis aux mêmes conditions, avec cette différence qu'il offrirait moins de flexibilité aux intérêts, moins de fixité dans les tarifs, puisqu'il serait seul maître de les modifier à son gré et suivant ses besoins ; enfin il tendrait à faire disparaître toute concurrence directe, particulièrement celle des canaux, qui est la plus efficace.

L'Etat ne peut pas admettre qu'on lui fasse concurrence ; loin de creuser les nouveaux canaux

---

1. Un autre administrateur éminent de la même Compagnie a exprimé d'une autre manière le même aphorisme ; il a dit : « Ne faire payer à la marchandise que ce qu'elle peut payer. »

qu'on lui demande de toutes parts et qu'il s'est engagé à ouvrir, il serait plutôt porté à hausser le péage là où il existe encore et à le rétablir là où il a disparu. Il lui deviendrait impossible de concéder à des particuliers le droit d'établir aucun moyen de transport, de quelque nature qu'il fût, car ce serait admettre une concurrence à lui-même. Par la force des choses il serait bientôt amené à s'emparer de toutes les entreprises de transport autres que les chemins de fer ou à les écraser sous le poids d'une concurrence immorale qui puiserait dans la bourse commune les ressources nécessaires pour dépouiller quelques-uns. Le monopole absolu des voies et moyens de communication est la conséquence de la mainmise de l'Etat sur les chemins de fer. C'est la fin où aboutit tout commerce entrepris par l'Etat.

D'autre part l'excitation de l'intérêt privé n'existant pas pour l'Etat, il est inhabile à subir l'influence de ces mêmes intérêts quand ils s'adressent à lui, ce qui revient à dire qu'il n'est point commerçant et qu'il ne peut être par conséquent accessible aux besoins variés et mobiles du commerce. Dès lors disparaît cette concurrence indirecte que l'inertie de la marchandise impose à l'intérêt privé des Compagnies. Même en supposant l'Etat capable de commerce, c'est-à-dire de plier, de négocier, non pas comme dans la diplomatie, avec des pareils, avec des égaux, mais avec des sujets, même dans cette hypothèse, l'Etat est-il fait pour subir ces mille petites responsabilités, ces mille procès qui en sont la suite et ces mille condamnations qui en sont la fin? L'Etat, même quand il abandonne sa situation d'Etat, c'est-à-dire de juge et partie dans sa cause, ne peut évidemment plaider que de grands procès, ceux où sont engagées des questions de principe. Son premier soin en décrétant son monopole serait donc de limiter sa responsabilité, comme il l'a fait pour le transport des valeurs par la poste, ou de la supprimer complètement, comme il l'a fait pour le transport des lettres ordinaires et des dépêches télégraphiques. On en voit aisément la conséquence ; c'est la suppression de toute garantie offerte en ce moment au commerce. Il convient d'ajouter en dernier mot que si les aptitudes manquent à l'Etat pour commercer, elles manqueront par cela même à ses agents. On ne comprendrait pas qu'ils agissent en commerçants lorsque le patron n'est pas commerçant lui-même.

Le monopole absolu de l'Etat étouffe toute concurrence, limite ou éteint toute responsabilité, renverse toutes les conditions et toutes les sécurités du commerce. Aussi comprend-on ce cri poussé par la Chambre de commerce de Nancy dès qu'on parla du rachat des chemins de fer de Paris-Orléans : « L'application de ce projet serait le bouleversement complet du régime auquel la France est redevable de sa prospérité actuelle. »

VI

INTÉRÊTS CONNEXES DES COMPAGNIES ET DU PUBLIC

Les Compagnies qui possèdent et exploitent les chemins de fer, représentant un intérêt privé, celui de la Compagnie, administrées d'ordinaire par les plus forts actionnaires, tendent à un but clairement indiqué : gagner le plus d'argent possible ; c'est le principal stimulant de toutes les industries ; c'est le seul juste et légitime en matière d'industrie et de commerce. Un commerce particulier qui ne vise pas au profit n'est pas un commerce, et partant il est stérile pour le commerce général. Le moyen sûr de faire de gros bénéfices, c'est, d'une part, de réduire le plus possible les prix de revient, d'autre part de limiter les gains afin de les multiplier. Il ressort de là que les intérê s du commerce général sont connexes avec ceux de l'entreprise de transport, commerce particulier.

La seconde partie du problème a déjà été examinée précédemment. Il suffit de rappeler que les prix de transport doivent être tenus au-dessous de la limite où il ne serait plus avantageux à la marchandise de se faire transporter, et au-dessus de la limite où ni la production ni la consommation ne pourraient plus accroître la masse transportée. Cette règle une fois posée et le point d'équilibre découvert, il n'est pas à dire pour cela qu'il ne doive plus changer ; au contraire, si la production et la consommation augmentent, il deviendra possible d'abaisser les prix. Cette opération sera le résultat de l'expérience commerciale ou d'une intuition sollicitée par le désir permanent d'augmenter le chiffre des bénéfices.

C'est la même pensée qui dictera au personnel intéressé, administratif et exécutif, la recherche incessante des économies dans les prix de revient. Par économies, je ne puis pas entendre celles qui seraient opérées au détriment du service et du matériel. Il est clair que ce genre d'économies doit être relégué parmi les économies coûteuses. Je ne crois pas qu'il soit pratiqué sur une seule ligne de grandes Compagnies en état de prospérité. Sur les petites lignes pauvres et livrées à elles-même, ce genre d'économies s'impose et c'est en partie ce qui en rend l'exploitation onéreuse. Mais en dehors de ces fausses économies, il en peut être pratiqué d'excellentes et de profitables même quand elles obligent à de plus grosses dépenses. Ainsi l'emploi de locomotives puissantes, plus coûteuses que les petites, et de wagons de grande capacité, ont permis de diminuer sensiblement le prix de la traction. L'emploi des rails d'acier réclame une plus grande mise de fonds, mais ils sont renouvelés moins souvent, ce qui entraîne une diminution sensible dans les dépenses annuelles d'entretien. Des primes sont données aux mécaniciens qui avec le moins de combustible possible, atteignent la plus grande vitesse réglementaire et la plus grande exactitude possible. Certaines combinaisons de trains et de voitures permettent d'épargner la circulation du poids mort; il en résulte une notable diminution dans les frais d'exploitation.

Certainement une Compagnie est plus intéressée que ne peut l'être l'Etat à rechercher ce genre d'économies et à diminuer ainsi ses prix de revient: elle a l'excitation du lucre pour l'y pousser. L'Etat n'a pas, au même degré du moins, ce stimulant qui le presse ; dès lors il est moins apte que la Compagnie à abaisser les tarifs. Il y a, pour le prouver, mieux que des raisonnements, des faits et de nombreuses expériences. Dans toutes les circonstances où il a été possible de comparer les prix de revient des deux modes d'exploitation, par l'Etat et par des Compagnies, ils se sont trouvés plus élevés dans le premier cas que dans le second. La Chambre de commerce de Bordeaux, dans la lettre qu'elle écrivait au ministre compétent le 17 avril 1880, à l'occasion du projet de rachat par l'Etat des lignes d'Orléans, substitué par la commission législative au projet de rachat partiel présenté par le gouvernement, lettre qui restera comme un des documents les plus précieux de cette grande discussion, disait: « Dans tous les pays où l'Etat a voulu diriger le service des chemins de fer, il ne l'a fait que dans des conditions désastreuses, relativement à celles qu'assurait la gestion des Compagnies.» Et l'on constate, pour commencer, que les prix de revient du réseau des Charentes, exploité par l'Etat, sont supérieurs à ceux de la Compagnie d'Orléans qui peut lui faire ainsi une redoutable concurrence. On n'a pas oublié non plus la funeste expérience faite de 1845 à 1852, et qui souleva une telle opposition dans le public qu'il fallut mettre fin à l'aventure par la formation des grandes Compagnies.

A l'étranger, les résultats ne sont pas moins concluants. Sur les chemins de fer de Belgique, le coefficient d'exploitation, c'est-à-dire le rapport entre la dépense et la recette, est de 67 p. 100, tandis que dans les Compagnies belges, il est de 56 p. 100. Les chemins de fer de l'Etat austro-hongrois exploitent à 69 p. 100; les Compagnies du même royaume à 63 p. 100. En Suède, la proportion est de 70 p. 100 pour l'État, contre 60 p. 100 pour les Compagnies. En Allemagne, l'État, 63 p. 100, les Compagnies, 52 p. 100.

Il est un exemple plus éclatant encore de l'infériorité de l'État comparé aux Compagnies dans l'exploitation des chemins de fer. « En 1852 le gouvernement belge a racheté les lignes du Grand-Luxembourg. Le coefficient d'exploitation qui pour 1852, sous la gestion des Compagnies privées était de 54 p. 100, s'est immédiatement élevé en 1853 à 75 p. 100. » Ces chiffres ont un caractère officiel et ne peuvent être contestés. Dans toutes les circonstances, les prix de revient de l'exploitation par l'État ont été supérieurs à ceux des Compagnies. La pratique confirme la théorie. Le prix moyen de l'exploitation par les Compagnies françaises est de 47 p. 100 seulement, et plus de 70 sur le réseau de l'État. Il n'y a pas lieu de s'en étonner quand on réfléchit que dans l'exploitation par l'État, les administrateurs, les directeurs, tout l'état-major sont des fonctionnaires qui n'ont pas un intérêt direct à diminuer les dépenses, qui font actes de fonctionnaires et non de commerçants, dont la dignité serait compromise s'ils s'abaissaient à ces menus détails auxquels descendent avec empressement les agents supérieurs des Compagnies dès qu'ils entrevoient une économie à faire. On l'a dit avec raison d'ailleurs, les actionnaires d'une Compagnie sont plus exigeants que les contribuables. A toutes les excitations de l'intérêt personnel et du devoir accompli, vient s'ajouter cette crainte légitime du coïntéressé, de l'actionnaire dont le mécontentement peut se faire sentir directement sur l'administration et lui imposer une constante et méticuleuse vigilance. Que signifient donc ces paroles : « Il faut que l'État rachète les chemins de fer afin de se rendre maître des tarifs. » Pour les augmenter sans doute, car s'il exploite plus chèrement il n'y a guère apparence qu'il les puisse diminuer ni même qu'il les puisse maintenir aux taux actuels.

Mais il y a plus encore. L'exploitation des chemins de fer en France est mieux entendue, plus économique qu'en aucun autre pays, et les tarifs sont plus bas, ce qui en est la conséquence naturelle. Quand on le nie ou que l'on dit le contraire, on s'élève contre la vérité, on répond à des chiffres par des affirmations, ce qui est toujours puéril.

Les frais d'exploitation sur les chemins de fer français administrés par les six grandes Compagnies sont moins élevés qu'à l'étranger ; ils sont de 0 fr. 0470 par tonne, et par kilomètre. Il en résulte que la moyenne des tarifs est également moins haute. Quelques-uns le nient ; il convient donc de mettre en regard des chiffres.

Sur les chemins badois, russes, espagnols, du sud de l'Autriche, de la Bavière, de l'État prussien, de la Hollande, de l'Italie, les tarifs moyens sont respectivement de 0 fr. 0722, —0,0768, —0,0765, —0,0733, — 0,0732, —0,0688, —0,0680, — 0,0679. Tous par conséquent sont supérieurs à la moyenne française, qui est de 0 fr. 06. Elle est un peu inférieure en Alsace Lorraine ; des raisons politiques l'ont ainsi voulu ; elle est un peu inférieure sur les chemins de l'État belge, mais il est reconnu que l'exploitation y est onéreuse pour le Trésor, et il faut pourvoir au déficit par le produit des impôts, ce qui n'est ni très intelligent ni très équitable, puisque l'on fait ainsi payer une partie des frais de transport par tout le monde, c'est-à-dire par ceux même qui n'en usent pas.

Le maximum des tarifs a été fixé par les cahiers des charges ; c'est donc l'État qui les a dictés. On a fait trois classes, et cela est juste. Une matière première lourde et d'un maniement facile doit payer moins qu'un produit précieux qui a besoin de soins particuliers. Il est d'ailleurs au plus haut degré équitable qu'une marchandise précieuse, d'un prix très élevé comme les étoffes de soie, qui valent jusqu'à 85.000 francs la tonne, paye plus cher que le coton brut qui ne vaut guère que

1.500 francs. Primitivement les prix étaient fixés :
pour la 1re classe, à 20 cent., pour la 2e, à 18, pour
la 3e, à 16. En 1856 l'exploitation avait fait de
grands progrès ; les prix de revient s'étaient abaissés, les tarifs, du consentement des Compagnies
furent revisés. On partit de 16 centimes, qui était
le prix ancien de la 3e classe, et les deux autres
classes virent descendre leur maximum à 14 et à
10 centimes.

Pense-t-on que les Compagnies s'en soient
tenues à ces prix relativement élevés du tarif général? Nullement. Les améliorations nouvelles in-
troduites dans le service, les économies sagement
réalisées, les combinaisons ingénieusement ima-
ginées, permirent de diviser les classes et d'établir
ce que l'on a appelé des tarifs spéciaux, lesquels
tendaient toujours à faire descendre les prix en
multipliant les échelons, si bien qu'aujourd'hui
il est peu de produits énumérés dans la première
classe qui n'aient la faculté de payer le prix de la
seconde ou très peu au-dessus, et que pas une
des matières premières de la 3e classe ne paye
10 cent. tarif de sa classe.

Ce n'était pas assez. On a fait des tarifs suivant la
distance, des « tarifs différentiels », et, tout en se
confinant dans une règle légale qui n'a pas cours
dans les pays essentiellement industriels et commerçants, comme l'Angleterre et l'Amérique, en
renonçant à ce droit inhérent au commerce de
passer avec les producteurs des « traités particuliers », les Compagnies ont en partie pallié cette
cause d'infériorité pour le commerce français en
établissant des tarifs décroissants, qui permettent

à beaucoup de nos produits d'arriver en concurrence sur les marchés étrangers avec les marchandises étrangères, et sur les marchés français d'abaisser et de niveler les prix des denrées les plus nécessaires à l'alimentation Ainsi les fruits et les légumes du Midi peuvent arriver en primeurs à Paris et dans tous les grands centres de population, favorisant du même coup la production du Midi et la consommation du Nord. Les grandes villes ont pu recevoir des bestiaux de toutes provenances et échapper ainsi à un renchérissement des denrées alimentaires autrement considérable que celui dont on se plaint. Les houilles des bassins du Nord et du Pas-de-Calais vont alimenter les usines du centre de la France. Et ce qui est remarquable, c'est que la production locale, loin de diminuer sous l'effort de cette concurrence nationale, s'est au contraire accrue, ou si elle a abandonné certaines industries ou certaines cultures, c'est qu'elles ne portaient pas auparavant en elles l'élément essentiel de la vie, le gain.

Le rapporteur de la commission des Trente-Trois, pour demander l'expropriation de l'Orléans, s'appuyait sur ce motif que cette Compagnie, par les tarifs de détournement à bas prix, enlevait tout le trafic au nouveau réseau de l'Etat. Quel aveu d'impuissance! Il en coûte moins pour décrire des courbes sur les lignes d'Orléans que pour marcher en ligne droite sur les lignes de l'Etat! En effet la Compagnie d'Orléans ne prélève que 6 centimes en moyenne et l'Etat en prend 21, Comprend-on que la marchandise se refuse à l'Etat et courre vers l'Orléans? L'Etat convoite donc l'Orléans qui le gêne, qui transporte à trop bon marché. Il faut faire cesser ce scandale, s'emparer du réseau gâte-métier, afin... d'abaisser les tarifs ? Non pas, pour les relever aux prix du réseau de l'Etat, c'est-à-dire pour les tripler. Si ce n'est pas le but, quel est-il ? Si l'administration des chemins de fer de l'Etat visait à l'abaissement des tarifs, elle n'a qu'à donner l'exemple et abaisser les siens.

Pour compléter enfin ce grand ensemble d'opérations commerciales qui consiste à satisfaire largement les besoins du commerce pour s'assurer à soi-même des bénéfices, les Compagnies se sont entendues entre elles et ont combiné un autre tarif qu'on a appelé « tarifs communs ». Quel que soit le nom, la chose était utile et pratique et elle était encore un avantage pour le public. On introduisait ainsi les prix d'un réseau dans un autre et l'on simplifiait les opérations en même temps qu'on abaissait les prix.

Il n'était guère possible d'appliquer cette règle partout et dans toutes les circonstances par la très simple raison que la France n'est pas une table rase sur laquelle il a été possible de tracer des lignes à plat ; il y a des courbes, il y a des rampes ; les prix d'exploitation augmentent en conséquence ; le transporteur doit en tenir compte. L'Etat eût-il tous les chemins de fer dans la main ne pourrait rien contre ces volontés de la nature, et s'il leur refusait obéissance il en serait la première victime sans avoir sensiblement réparé les injustices de la géographie. On peut en atténuer les effets, on ne saurait les faire disparaitre.

On s'est plaint que tous ces tarifs s'étaient di-

visés et multipliés à l'infini, qu'ils constituaient
un chaos où il était difficile de se reconnaître.
Assurément il n'est pas aisé de trouver sa route si
l'on voit s'ouvrir devant soi une vingtaine de chemins; mais l'embarras du choix diminue s'il y a
des écriteaux indicateurs. Je ne crois pas que ces
écriteaux fassent défaut, et avoir à sa disposition
un grand nombre de chemins parmi lesquels on
peut choisir le meilleur et le plus court, n'a jamais
été pour les gens intelligents ni une gêne ni un
ennui. Cette multiplicité des tarifs est une richesse
pour le commerce et un accommodement fécond
à tous ses besoins. Leur malléabilité n'est pas un
défaut, c'est au contraire une qualité qu'il convient de reconnaître et de louer. Encore ici l'intérêt
du consommateur et du producteur est étroitement
lié à celui des Compagnies; on ne comprendrait
pas un tarif uniforme, inflexible qui ne se prête-
rait pas aux mille exigences variées du commerce, qui ne tiendrait compte ni des besoins chan-
geants, ni de la nature des objets, ni des distances
parcourues. De pareils tarifs révolteraient le commerce et lui seraient une entrave funeste. C'est ce
que toutes les Chambres de commerce, les Chambres syndicales, les Conseils généraux ont bien
compris quand ils ont entrevu dans les projets de
l'État ou de la commission législative le retour à
ces taxes unitaires qui sont l'antipode même de
tout esprit commercial. Si dans un jour de malheur, l'État venait à mettre la main sur les chemins de fer, il serait bientôt entraîné par l'action
politique à rentrer dans ce système théorique des
unités de prix par unités de poids et par unités de

distance, et pour satisfaire à des intérêts parlementaires, à des intérêts électoraux, à des commandements venus de minorités tapageuses, il im-
molerait les intérêts de l'industrie, de l'agriculture, du commerce, de la consommation, c'est-à-
dire les intérêts généraux du pays. Le cri d'alarme
jeté par les Chambres de commerce et par les groupes industriels et agricoles n'a pas eu d'autre cause.

Cette flexibilité des tarifs est un besoin si essentiel qu'ils peuvent à tout moment être modifiés. L'É-
tat qui par lui-même serait inflexible, exige des Compagnies qu'elles ne le soient pas. Les tarifs que
les Compagnies veulent appliquer, après étude et
d'accord avec les besoins prévus ou manisfestés,
doivent toujours être homologués par l'administration, et ils ne le sont que s'ils constituent un dégrèvement sur le maximum des taxes. Tout tarif
nouveau est donc une amélioration.

Ce n'est pas assez: l'État s'est réservé le droit
de retirer son autorisation. Si le nouveau tarif
vient à léser des intérêts qu'on n'avait point aper-
çus, l'homologation est retirée et l'on revient au
tarif ancien. C'est donc avancer une chose contraire à la vérité que de dire que les tarifs ne sont
pas dans les mains de l'État: ils y sont si bien qu'il
n'est pas une diminution qu'il ne soit en position
de faire admettre si elle est utile au commerce,
car elle ne saurait être utile au commerce sans être
profitable aux Compagnies. L'État joue ici un rôle
excellent de protection et de tutelle; son interven-
tion est même nécessaire dans un pays qui n'a pas
comme l'Angleterre la pratique et le goût des li-
bertés. En Angleterre et en Amérique la concur-

rence est la seule menace et le seul frein; on voit que souvent elle tourne au désavantage du public. En France, le frein et la menace viennent de l'Etat. C'est vers lui qu'on se tourne pour tout obtenir et c'est à lui qu'il incombe d'obtenir tout ce qui est juste et raisonnable . Mais si c'est l'État qui exploite, où sera le frein, d'où viendra la menace? Du peuple, dit-on. Voilà le grand mot avec lequel on fait crouler les empires.

Cette faculté essentiellement commerciale d'élever ou d'abaisser les prix dans une certaine mesure, a fini par faire des tarifs français les plus bas du monde et les plus avantageux pour le commerce. Nulle part les matières les plus nécessaires ne sont transportées à aussi bon marché. Les céréales sont taxées, en Angleterre, entre 19 et 4 centimes par kilomètre; en Allemagne, entre 10 et 5; en Belgique, entre 16 et 3; — en France, entre 8 et 3. Les cotons, en Angleterre, de 18 à 7, en Allemagne, de 10 à 9, en Belgique, de 18 à 4, — en France, de 8 à 5, ce qui donne encore une moyenne inférieure à celle de la Belgique. La houille paye, en Angleterre, de 16 à 2; en Allemagne, de 8 à 3; en Belgique, de 11 à 2; — en France, de 7 à 2. Le fer, en Angleterre, de 19 à 4; en Allemagne, de 8 à 5; en Belgique, de 16 à 3; — en France, de 9 à 4. Toujours en France le point de départ est inférieur et les moyennes le sont également. Dire que les prix de transport sont plus élevés en France qu'à l'étranger est donc une assertion qui ne supporte pas l'examen.

Je ne crois pas nécessaire d'expliquer pourquoi et comment les chemins de fer français ont été

amenés à établir, avec l'agrément de l'État, des
tarifs de transit et des tarifs de « pénétration ». Il
ne faut pas être fort malin pour deviner que si les
marchandisess transportées en transit ne trou-
vent pas un avantage à traverser la France, elles
traverseront une contrée limitrophe. Si nos chemins de fer détournent ce trafic à leur profit,
tant mieux pour nous, tant mieux pour l'État
qui y trouve sa part de bénéfices dans la circulation. L'État, s'il exploitait, serait peut-être poussé
par les petits intérêts à délaisser cette source de
produits au profit de l'étranger ou à faire des
concessions onéreuses pour des vues politiques.

Quant aux tarifs de « pénétration » qui font « pé-
nétrer » les marchandises étrangères sur le marché
français au moyen de prix de transports abaissés
et communs avec les réseaux étrangers, ils sont
le résultat obligé de la concurrence, et lorsque la
Chambre de commerce de Boulogne se plaint qu'il
n'en coûte pas plus pour amener certaines marchandises de Londres à Paris que de Boulogne,
elle ne réfléchit pas que si ces marchandises ne
venaient pas à prix réduit par le Nord, elles arrive-
raient par l'Ouest ou par la Seine, ce qui serait
exactement la même chose pour le commerce
local de Boulogne, mais ce qui porterait un assez
grave préjudice à son port. Il en est de même de
tous ces tarifs dit « de pénétration » ; ils obéissent
à la loi de la concurrence, une loi que l'on invoque
toujours quand on y croit trouver avantage et que
l'on repouse si l'on en redoute les effets.

Je n'ai parlé que du transport des marchandises.
Le transport des voyageurs a bien aussi son in-

térêt. Le voyageur est un objet de transport qui crie et se plaint toujours. Cependant on lui transporte ses bagages gratuitement, ce qui ne se voit qu'en France et en Angleterre, et en Angleterre, le prix des places est plus élevé qu'en France.

Dans tous les pays étrangers, excepté en Belgique, les prix, pour le transport des voyageurs, oscillent entre 9 et 19 centimes par kilomètre en 1re classe, entre 6 et 13 en 2e classe, entre 4 et 9 1/2 en 3e. En Belgique seulement les prix sont inférieurs, 7,2 à 9. — En France, les prix maxima des cahiers des charges sont de 10 centimes pour la 1re classe, de 7 1/2 pour la 2e, de 5 1/2 pour la 3e. Mais un impôt énorme de 23,2 p. 100 fait monter ces prix à 12.32, 9.24 et 6.77. Ce n'est vraiment pas la faute des Compagnies, c'est la faute de l'État. Il n'y a pas à espérer que, s'il était maître absolu de l'exploitation, il fût tenté de priver le Trésor de cette ressource facile à percevoir. Et malgré cet impôt, malgré le droit que leur confère le cahier des charges, le prix moyen n'est que de 8 centimes par kilomètre, impôt compris. Il faut aller en Belgique pour rencontrer une moyenne moins élevée et l'on sait au prix de quels sacrifices ; les contribuables sont tous appelés à combler le déficit.

Il semble donc bien démontré que, soit pour les voyageurs, soit pour les marchandises, l'intérêt public est mieux servi en France que dans les autres pays, que cet intérêt est étroitement lié à celui des Compagnies et que celles-ci ne peuvent réaliser aucun bénéfice s'il ne correspond à un avantage pour le consommateur.

VII

HYPOTHÈSE DE L'EXPLOITATION PAR L'ÉTAT

L'État n'est pas commerçant et ne peut pas l'être, il n'est pas dans son caractère de le devenir. Il a suffi à peu près d'énoncer cette proposition pour amener les esprits ouverts à en comprendre la justesse et à en mesurer les conséquences. Les commerçants, les hommes d'expérience qui ne se payent pas de vaines paroles, qui se défient des théories quand elles ne sont pas contrôlées par la pratique et qui les repoussent quand la pratique les a condamnées, ont de tous les points du pays élevé la voix quand il a été question que l'État fît main basse sur une des grandes Compagnies, ainsi que le demandait la commission dite des Trente-Trois, dans son rapport sur le rachat partiel du réseau d'Orléans. On ne fera que rappeler comment cette grosse question naquit d'une autre qui paraissait petite.

Par suite de l'impossibilité où s'étaient trouvées les petites Compagnies de Vendée et des Charentes de continuer leurs services et de poursuivre l'exécution de leur réseau, l'Etat se vit amené à les racheter et, par la force des choses, à en devenir l'exploitant lui-même. Qu'il se soit mêlé à cette affaire des intérêts peu avouables, on le dit, je n'ai pas à le chercher ni à m'en occuper. Toujours est-il qu'un réseau de l'Etat fut formé de toutes ces lignes et qu'on se mit à l'exploiter le mieux qu'il fut possible.

On ne doit pas se dissimuler que les lignes de ce réseau établies en dehors des grandes artères et la plupart assez loin des grands centres commerciaux, se présentaient à l'exploitation dans des conditions relativement assez mauvaises. La prudence aurait alors conseillé de confier cette exploitation à des Compagnies expertes, comme l'Ouest et l'Orléans, chez lesquelles les prix de revient ne s'elèvent pas à plus de 46 à 48 p. 100. On voulut avoir un réseau exploité directement par l'Etat; on l'eut, mais à quel prix? Les frais d'exploitation s'accrurent, les produits n'augmentèrent pas dans une même proportion et les exercices se soldèrent par des déficits annuels de quatre à cinq millions. Ce fut un spectacle navrant et coûteux. Au lieu d'avouer que l'expérience avait mal servi la théorie et d'en venir immédiatement, sans retard, à une concession d'exploitation aux grandes Compagnies voisines, si elles voulaient bien, moyennant certaines garanties, accepter cette charge, on s'obstina dans la faute commise, et, au lieu de tenir les engagements pris vis-à-vis du Parlement pour obtenir le vote du rachat, on attribua le déficit à la mauvaise conformation du réseau. « Si nous possédions toutes les lignes qui sont à l'ouest de la grande artère de Paris à Bordeaux, dit le gouvernement, nous arriverions à équilibrer les recettes avec les dépenses sinon même à réaliser des bénéfices. » Ainsi, loin de tenir les engagements pris de rétrocéder l'exploitation, on voulait l'agrandir, la consolider et l'étendre à des lignes majeures parfaitement desservies. Un projet de loi fut présenté en conséquence; une commision de trente-trois membres fut nommée pour l'examiner, et c'est cette commission qui revint bientôt avec un plan bienplus étendu où le réseau d'Orléans disparaissait tout entier.

Le masque tombait, les yeux étaient dessillés, la perspective apparaissait tout entière ; l'État, le Parlement, si vous aimez mieux, voulait se rendre le maître absolu des chemins de fer. Dans quel but? Je l'ai indiqué plus haut et je n'ai pas dissimulé qu'à mon sens, c'était commettre la plus lourde des fautes politiques, même dans l'intérêt mesquin et peu patriotique du maintien d'un parti au pouvoir. Le despotisme est toujours haïssable, qu'il s'adresse aux consciences ou qu'il aspire à dominer les intérêts. Un acte aussi criminel que la confiscation de l'intérêt général pour satisfaire un intérêt de parti appellerait bien vite un libérateur.

Mais sans revenir sur la question politique qui a été traitée dans un autre chapitre, il est bon d'examiner froidement quelles seraient les conséquences de la mainmise de l'État sur les Compagnies de chemin de fer. Car le projet de rachat du réseau d'Orléans, mis en avant par la commission des Trente-Trois, n'était qu'un ballon d'essai ; le Parlement semblait disposé à s'y rallier et, s'il s'y rallie, c'est qu'il a des vues ultérieures dont on n'ose pas encore parler mais dont on parlera plus tard. L'occasion en sera tôt fournie, car renchérissant sur le projet des Trente-Trois, voici venir un homme seul qui propose nettement de tout croquer d'un seul coup. A la vérité on peut voir qu'il se contenterait du rachat d'une petite ligne de l'Eure pour laquelle l'auteur du projet de rachat des réseaux paraît avoir des entrailles de père, mais en vérité on ne saurait croire qu'une tendresse aussi paternelle pût être étendue à tout le réseau français. D'ailleurs le projet se garde bien de remettre l'exploitation des chemins de fer aux mains de l'État. Les objections paraissent si fortes, la répugnance du public si énergiquement motivée, qu'au moment de franchir le fossé, on recule. Non, on voudrait seulement déposséder des Compagnies pour en organiser d'autres; affaire de spéculation. L'État, une fois en possession du réseau ou d'une part seulement de ce réseau, ainsi qu'il le projette, essayerait sans doute de l'exploiter directement, puisque, dit-on, l'essai actuel est insuffisant. On ne peut guère douter qu'il ne fût promptement amené à rétablir ce qu'il aurait détruit, mais en attendant le jour du repentir, cette exploitation directe livrerait le commerce pieds et poings liés au gouvernement. Il est donc utile d'examiner dans quelles conditions et sous l'empire de quel esprit l'exploitation directe s'exercerait.

Ce serait nier la clarté du jour que de prétendre que l'État exploiterait à meilleur marché que les

Compagnies. Il n'y a pas un pays ni une circonstance où cela se soit jamais vu. C'est même un reproche assez souvent formulé que les Compagnies visent trop à l'économie, qu'elles ne renouvellent pas assez souvent leur matériel, qu'elles ne payent pas assez grassement leur personnel. Si ce reproche était sérieux, on verrait moins de gens solliciter pour entrer au service des Compagnies et se faire chaque jour appuyer auprès d'elle par des députés, des sénateurs et même par des ministres; et pour le matériel, s'il était usé ou insuffisant, qui en souffrirait le plus, du public ou des Compagnies? L'intérêt des administrateurs et des hauts fonctionnaires des Compagnies est beaucoup trop éveillé pour que l'on ait à craindre qu'ils négligent de satisfaire aux besoins de la demande, en lui refusant le matériel nécessaire.

C'est le contraire qui arriverait avec l'Etat exploitant. Ici, point de ressort actif, point de stimulant que l'amour du devoir, amour lent et un peu passif de sa nature, un personnel rétribué chichement parce qu'il faudrait le multiplier sous l'effort des nécessités politiques, et parce que les employés de l'Etat, moins activement surveillés, contractent des habitudes de nonchalance que les sévérités ministérielles ne parviennent pas à vaincre. Renouvellement plus rare du matériel, introduction plus difficile des perfectionnements. Un frein nouveau, une voiture plus confortable, une locomotive plus puissante, il faudra des commissions pour les examiner, des discussions, des rapports, l'avis d'un conseil supérieur, la décision du ministre, un an de sommeil dans les cartons, que sais-je encore, les mille formalités dont l'administration publique a le secret, et les contrôles et contre-contrôles qui entravent le développement normal sans prévenir aucune faute, sans épargner aucune chute; même le graissage des roues, dans une administration de l'Etat deviendra une affaire d'Etat. C'est donc se faire une grande illusion que de croire que l'Etat puisse exploiter avec économie et réaliser des améliorations dans le service et dans le matériel.

On nous cite le service des postes; j'aimerais mieux n'en pas parler. Il est loin d'être aussi bien organisé qu'en Angleterre et surtout qu'en Allemagne et s'attarde trop dans les vieilles routines pour qu'on le puisse donner en exemple. Il n'y a rien de comparable d'ailleurs entre le service des postes, qui a un caractère tout fiscal et se trouve établi sur des tarifs qui n'ont rien d'élastique, et le service des chemins de fer qui est tout commercial, par cela même mobile et flexible comme le commerce lui-même. Il est douteux au surplus que, si le service des postes était géré par une compagnie privée on tolérât longtemps les abus et les lenteurs dont on se plaint, qu'il permît, par exemple, aux lettres parties de Londres le soir, arrivées à une heure du matin à Calais, de n'être distribuées que trente-deux heures après dans certaines communes voisines de cette ville. Les Compagnies sont autrement sensibles à la critique que les administrations de l'Etat.

Si l'exploitation par l'Etat est plus coûteuse, si elle est moins active, moins prompte dans ses mouvements, moins flexible devant les nécessités mobiles du commerce, moins apte à se plier à ses exigences, moins pressée de modifier son matériel et d'aller au-devant des besoins, on ne comprendra pas trop comment elle pourra abaisser ses tarifs, les rendre plus accessibles améliorer ses services, son matériel, multiplier ses trains et les rendre plus rapides. Il y a là des éléments de contradiction flagrante. Des améliorations d'aucune sorte, il n'en faut pas attendre de ce passage, fût-il court, sous le gouvernement despotique de l'Etat. Ne peut-on pas prévoir au contraire des charges nouvelles, des augmentations dans les tarifs, des diminutions dans la vitesse et dans le nombre des trains? Dans la situation actuelle, l'Etat impose, en vue de l'intérêt public, des maxima et des minima aux Compagnies. Il oblige les Compagnies à faire circuler des trains, même à vide, à ne point dépasser un certain temps pour la remise des colis ou des marchandises. L'Etat, maître de ses services, est libre de n'en pas créer ou d'en supprimer. Si l'on augure par l'administration des postes comment serait dirigée l'exploitation des chemins de fer, on est conduit à craindre que les trains onéreux fussent bientôt supprimés et que jamais trains nouveaux ne fussent établis si le rendement n'en doit pas être immédiatement productif. C'est une règle d'Etat et qu'impose la prudence bureaucratique.

Sous l'action de certaines idées qu'on appelle démocratiques et égalitaires, — deux mots qui ne sont pas même français, — un gouvernement qui voudra s'appuyer sur elles et s'en servir sera tenu de se conformer à ses lois et de se modeler sur ses desseins. Quels sont-ils? On le voit aisément, unité de prix par unité de poids et par unité de distance. C'est la loi suprême de l'égalité. Plus de complication de tarifs; il n'y en a qu'un seul; plus de diminution suivant les longueurs parcourues. Tout est simple et clair; l'esprit d'égalité est satisfait. Oui, mais l'égalité véritable est détruite; c'est tant pis pour ceux qui sont loin, tant mieux pour ceux qui sont riches. Un pareil système, c'est la violation de l'équité, de l'égalité, c'est la négation même de tout commerce. On n'ira pas jusque-là. — Je l'admets; c'est déjà trop de reculer d'un pas en arrière et d'en revenir à l'idée barbare de niveler les fronts pour les rendre égaux. Et qui peut dire jusqu'où, dans cette voie, peut entraîner un gouvernement désireux de sauver son ministère?

Les Chambres de commerce et les Chambres syndicales ont très bien vu le danger. « Les inégalités dont on se plaint, a dit l'une d'elles, sont dans la nature même des choses, et si ses tarifs sont compliqués, c'est que l'industrie des transports est elle-même une industrie très compliquée, ayant à servir des intérêts et des besoins très divers. » Et comme un des députés partisans du rachat, rapporteur de la commission des Trente-Trois, disait dans son rapport que l'administration de l'État est nécessairement rigide exécutrice des règles tracées, et qu'elle s'attache à respecter scrupuleusement le principe d'égalité en matière de perception de taxes et à établir rigoureusement sur tout le réseau un même prix pour une même distance parcourue, » la même Chambre de commerce s'écriait : « Il n'y a vraiment que des mathématiciens, dominés par l'idée supérieure d'unité, qui puissent songer à calculer tous les prix de transport au moyen d'une règle unique placée en tête d'un tableau de toutes les distances. Vouloir transporter toutes les marchandises au même prix, abstraction faite de tous les courants commerciaux, de la diversité des voies, de leurs pentes, de leurs courbes, c'est de l'enfantillage. » Oui, c'est une idée puérile, et la réponse est juste. Je n'en voudrais élaguer que le mot « mathématiciens », qui me semble une injure gratuite pour les hommes de calcul. Les rêveries d'un esprit faux n'ont rien à voir avec les mathématiques (1).

Une autre appréhension des groupes industriels et commerciaux, c'est que les tarifs une fois dans les mains de l'État, et dépourvus de ce frein que les cahiers des charges imposent aux Compagnies, ne deviennent un instrument d'impôt trop facile à manier. On a prononcé dans un document officiel le mot de « taxe ». C'est bien là en effet l'expression qu'il faudrait désormais appliquer aux tarifs. Ils ne seraient plus un prix de revient augmenté d'un salaire et d'un impôt, ils seraient tout entiers un impôt, une taxe, et il n'est pas téméraire

---

1. Cette question du rachat des chemins de fer a fait surgir une quantité d'excellents écrits parmi lesquels il faut citer surtout les déliberations motivées des Chambres de commerce et des Chambres syndicales, les publications faites par les Chambres de Bordeaux, de Nancy, de Lille, de Laval, d'Amiens, etc. Il faut surtout lire la *Lettre* de la Chambre de Commerce de Gray. Consulter aussi les excellents écrits de M. Émile Level, ingénieur.

de penser que dans un moment difficile, l'État, trouvant sous sa main un instrument si simple et si maniable que des tarifs de transport, leur demanderait ces ressources qu'il emprunta un jour aux 45 cent. sur la contribution foncière. Ce serait une ressource bien précaire sans doute et qui porterait un bien grand préjudice au pays, mais qu'importe ! Le capitaine en péril croit échapper au naufrage en jetant ses marchandises par-dessus bord. Il n'est pas même nécessaire de supposer le péril du pays pour commander cette ressource extrême, il suffit que le parti au pouvoir veuille tenter une aventure ou se sente menacé. L'instrument est autrement dangereux que le système des virements ou des crédits supplémentaires.

L'exploitation par l'État est si complètement en désaccord avec les intérêts du commerce, avec la sécurité du pays, avec une bonne gestion financière des deniers de l'État, elle tendrait si évidemment à faire hausser les tarifs et par suite à augmenter les impôts afin de couvrir les déficits, que bien peu aujourd'hui s'obstinent dans l'idée première et n'ont rien de plus pressé, quand ils parlent du rachat, que d'y ajouter comme corollaire la rétrocession à des Compagnies fermières. Telle est toute l'économie du projet soumis en ce moment à l'examen de la Chambre des députés: Il faut racheter les concessions aux Compagnies existantes, afin de les concéder à d'autres Compagnies qui n'existent pas. On aurait peine à concevoir un monument de logique plus extraordinaire. Il est vrai que ces nouvelles Compagnies qui pourront être au besoin les anciennes, seront au nombre de trente, sans compter le réseau réservé à l'État. Trente Compagnies, au lieu de six, pour simplifier les rouages et « unifier » les services. Rien n'est plus digne d'admiration. On comprend l'État rachetant toutes les concessions pour se constituer seul maître de tous les transports par chemins de fer. C'est une idée césarienne, coûteuse, dangereuse, oppressive, mais c'est une idée. On comprend moins aisément l'État se donnant cette peine et assumant les conséquences périlleuses d'une telle mesure, pour refaire le lendemain ce qu'il aurait détruit la veille et pour le refaire dans de moins bonnes conditions, en assumant des charges et des responsabilités nouvelles, que personne ne lui demande de prendre, surtout ceux qui y sont intéressés directement. Ce sont les intérêts indirects, je devrais dire étrangers qui réclament cette transmutation et voudraient tirer de l'or de cette alchimie. La formation de trente Compagnies d'exploitation, voyez-vous quelle source abondante de spéculations lucratives, quelle belle occasion de primes, de jeux de bourse, d'émissions réelles ou fictives, quel admirable moment à saisir pour puiser à la fois dans les coffres de l'État et dans la poche du public, pour faire éclore de nouveaux champignons sur le fumier de l'agiotage et pour faire oublier la renommée des Philippart! Il répugne de penser qu'un gouvernement quelconque puisse se prêter à des manœuvres qui tendraient à un tel résultat. Alors, nous en revenons à l'exploitation par l'État avec ses conséquences, indiquées plus haut; aujourd'hui le réseau d'Orléans, demain celui de l'Ouest, celui du Midi et le reste; nous voici en face d'un bel et bon monopole, sans concurrence possible, pas même celle de la demande, devenue plus inerte que jamais, et du produit se refusant au transport. Partout où surgira une ombre de concurrence directe, on la supprimera. On supprimera le canal et pourquoi pas les voitures, les tramways, le roulage renaissant? L'État tendra de plus en plus à devenir le maître unique des voies et moyens de transports. Il sera camionneur, conducteur d'omnibus, cocher de petites voitures; il étendra la main sur les bateaux à vapeur, rachètera les Compagnies maritimes, les Compagnies d'assurances, les fabriques de gaz, les usines, les manufactures; il sera l'unique industriel, l'unique négociant, l'unique assureur, comme il sera l'unique transporteur ; il voudra être aussi l'unique agriculteur, il le veut déjà, et si le ballon s'émancipe, il prendra le ballon et en fera un instrument de domination autrement élevé que tous les autres. Ne sourions pas, toutes ces choses s'enchaînent et parce qu'elles paraissent impossibles ce n'est pas une raison pour qu'elles ne se fassent pas. Le mieux en ces matières est de ne point ouvrir la porte si l'on ne veut pas que tout y passe, et la fortune du pays avec le reste.

VIII

CE QU'IL EN COUTERAIT A L'ÉTAT

Le côté financier de l'entreprise projetée a été étudié avec une haute compétence par M. Léon Say. Si je ne craignais que cet opuscule ne parût trop incomplet, j'arrêterais ici mes réflexions, car je ne crois pas qu'il soit possible d'ajouter une parole utile à ce qu'il a dit ni qu'il soit nécessaire d'insister après lui pour faire comprendre aux hommes de bon sens les périls de l'aventure où l'on veut engager le gouvernement et les Chambres. On ne sera peut-être pas fâché non plus de retrouver en quelques pages le reflet d'un travail que son étendue et son caractère spécial éloignent d'un trop grand nombre de lecteurs.

L'État dans ses contrats avec les Compagnies, s'est réservé le droit de rachat et il en a réglé d'avance les conditions. A toute époque après l'expiration des quinze premières années de la concession le gouvernement a la faculté de racheter la Compagnie entière (1). Il paye le montant de ce rachat non en capital, mais en annuités, égales au moins au produit net de la dernière année et cela pendant tout le temps qui reste à courir de la concession. Ce sont donc des annuités amortissables. Il n'est tenu de rembourser en capital que le matériel et les ap-

1. Voici les cahiers des charges qui règlent les droits et les conditions du rachat.

Art. 36. — En ce qui concerne les objets mobiliers, tels que le matériel roulant, les matériaux, combustibles et approvisionnements de tout genre, le mobilier des stations, l'outillage des ateliers et des gares, l'État sera tenu, si la Compagnie le requiert, de reprendre tous ces objets sur l'estimation qui en sera faite à dire d'experts, et réciproquement, si l'État le requiert, la Compagnie sera tenue de le céder de la même manière.

Art. 37. — A toute époque, après l'expiration des quinze premières années de la concession, le gouvernement aura le faculté de racheter la Compagnie entière du chemin de fer.

Pour régler le prix du rachat, on relèvera les produits nets annuels obtenus par la Compagnie pendant les sept années qui auront précédé celle où le rachat sera effectué ; on en déduira les produits nets des deux plus faibles années, et l'on établira le produit moyen des cinq autres années.

Le produit net moyen formera le montant d'une annuité qui sera due et payée à la Compagnie pendant chacune des années restant à courir sur la durée de la concession.

Dans aucun cas le montant de l'annuité ne sera inférieur au produit net de la dernière des sept années, prise pour terme de comparaison.

La Compagnie recevra en outre dans les trois mois qui suivront le rachat, les remboursements auxquels elle aurait droit à l'expiration de la concession, selon l'article 36.

Pour les lignes ayant moins de quinze années de concession, l'État doit restituer le montant des frais de construction.

provisonnements, et les sommes déboursées pour la construction des lignes qui ont moins de quinze ans de construction, c'est-à-dire des lignes improductives.

On estime à 70 ans en moyenne le temps des annuités à courir, à un milliard les sommes à rembourser pour le matériel et les approvisionnements, à près de 2 milliards le prix de construction à payer pour les mauvaises lignes nouvellement construites par les Compagnies. Tel est le problème financier réduit à ses termes les plus simples : Trouver un capital de près de trois milliards et augmenter d'autant la dette publique ; payer pendant 70 ans des annuités qui s'élèveraient à environ huit cents millions, en un mot, mettre à la charge de la dette publique 120 millions de rente perpétuelle et 800 millions de rentes amortissables pendant un temps moyen de 70 ans.

On dit il est vrai que le milliard du matériel et des approvisionnements sera remboursé par les nouvelles Compagnies fermières. Ne comptons point sur ces Compagnies imaginaires. On en trouverait sans doute, mais pour l'heure des primes à encaisser. Passé ce moment lucratif pour les fondateurs, ces Compagnies improvisées risqueraient fort de sombrer et de laisser l'Etat exploiter par lui-même, avec des charges nouvelles qu'il aurait façonnées de ses mains. On dit encore que les Compagnies doivent 600 millions à l'Etat pour avances de garanties, et que cette somme est à diminuer des prix d'achat. Je le veux bien ; mais l'Etat bénéficie pour ses transports d'environ 40 millions par an, sans parler, bien entendu, de l'impôt qui produit 160 à 180 millions.

En outre, deux des six grandes Compagnies, le Nord et le Paris-Lyon-Méditerranée sont à la veille d'atteindre le point où l'Etat va devenir copartageant pour moitié des bénéfices. La poule n'a pas encore pondu, cela est vrai, mais elle va pondre et l'on sait que l'œuf sera d'or. Tuons la poule! — C'est extravagant.

Ce n'est pas tout: sur les autres réseaux, l'État voit diminuer chaque année le chiffre des garanties d'intérêt qu'il s'est obligé à payer pour la construction et l'exploitation des lignes accessoires, transversales, diagonales et électorales. Le « déversoir» opère à merveille et produit des effets surprenants. C'est un très bel instrument que ce déversoir. Pour ceux qui ne le connaîtraient pas, il est bon de le décrire.

Les premières concessions de chemins de fer étaient toutes bonnes. De Paris au Havre, de Paris à Calais, de Paris à Bordeaux, à Marseille, même à Strasbourg, le trafic était assuré. Voyageurs d'abord, marchandises ensuite allaient s'y précipiter et donner de gros dividendes. Ces dividendes parurent moins gros quand tout le réseau concédé fut construit. Certaines lignes ne donnaient pas grand profit. Plus tard on multiplia ces lignes accessoires qui rognaient un peu le rendement des lignes principales. C'est ce que l'on appela le deuxième réseau. On en fit un troisième qui donna d'abord ouverture à des spéculations effrénées ; puis, comme ces lignes de moindre importance étaient toutes en mauvais point, on obligea les grandes lignes à racheter les petites et à construire celles dont on avait décidé le tracé. Pour fa-

ciliter le marché et pour le rendre dans une certaine mesure équitable, l'État garantit l'intérêt du
capital engagé en obligations sur ces lignes peu
ou point productives; mais en même temps on
stipula que le premier réseau, le bon, celui qui
était en train de devenir excellent, communique-
rait un peu de ses bonnes qualités au réseau qui
s'en trouvait dépourvu, et que le riche payerait
pour le pauvre. On engagea les Compagnies, par
les procédés généralement usités entre le pot de
fer et le pot de terre, à prélever sur les bénéfices
des lignes riches pour gratifier de leur surplus les
lignes pauvres. On établissait ainsi entre la grande
caisse et la petite caisse un « déversoir »; le trop-
plein de l'une se « déversait » dans le vide de l'autre,
ce qui diminuait d'autant la part contributive de
l'État dans le service des intérêts aux obligataires.
Ai-je réussi à faire bien comprendre le mécanisme? Il est simple et j'ajoute qu'il est juste dans
une certaine mesure. Les grandes lignes profitaient
de l'affluent des petites et voyaient augmenter par
là leur trafic. Les Compagnies qui n'avaient jamais
rien demandé à l'État pour la garantie des intérêts,
le Nord et le Paris-Lyon-Méditerranée avaient pu
mieux se défendre contre les exigences de l'État,
les autres avaient vu d'abord s'aggraver leur situation. Mais avec le temps et par le développement
naturel des forces commerciales, il n'est plus une
des quatre autres grandes Compagnies qui ne soit
en mesure de rembourser bientôt les avances re-
çues de l'État. Au lieu de 50 millions que chaque
année le Trésor devait avancer aux Compagnies, le
chiffre, l'an dernier, est descendu au-dessous de

10 millions. Orléans ne coûte plus rien et commence à rembourser. Le Midi est dans la même situation. L'Est, qui a eu tant à souffrir de la guerre, ne demande plus rien ; il rendra bientôt. L'Ouest seul a encore besoin des avances de l'État, mais le chiffre diminue chaque année. Ces avances d'ailleurs ne sont point gratuites. Les Compagnies payent à l'Etat 4 p. 100 d'intérêt et elles restent toujours soumises au remboursement intégral de leur dette. Quant au Nord et au Paris-Lyon, l'accroissement normal des recettes va les obliger à faire participer l'Etat à leurs bénéifces. Le moment est donc venu où le Trésor public, loin d'avoir à verser de l'argent pour la garantie d'intérêt des mauvaises lignes, commence à rentrer dans les avances qu'il a faites et même va recevoir sa part de bénéfices dans les produits de l'exploitation. Cette situation offre les caractères les plus avantageux pour l'Etat, et l'on ne comprend pas bien qu'il veuille la changer (1).

1. Les conditions de partage des bénéfices entre les Compagnies et l'État sont variables suivant les réseaux. En général elles se ramènent à ces deux termes : L'État prend la moitié des bénéfices qui dépassent 8 p. 100 du capital engagé dans l'ancien réseau, et 6 ou 6 1/2 p. 100 du capital engagé dans le nouveau réseau. Ces conventions sont, on le voit, assez avantageuses à l'État. Jusqu'ici, cependant, la participation aux bénéfices n'a pas fonctionné, parce que les recettes n'ont pas encore atteint la limite au delà de laquelle elle s'exerce. Mais on approche vite de cette limite. Les bons observateurs pensent qu'elle sera atteinte, si ce n'est cette année, du moins l'année prochaine pour le Lyon, dans deux ou trois ans pour le Nord, dans quatre ou cinq pour le Midi. L'État retirera bientôt 12 à 15 millions annuelle-

Mais l'État a voulu faire de grandes choses ; il
voulu « compléter le réseau national » en multipliant les petites lignes improductives. Donner un
chemin de fer à tous les électeurs influents, tel a
été son rêve, et pour le réaliser il a imaginé un
appareil financier fort délicat et fort dangereux à
manier, l'emprunt amortissable. Tout le temps
qu'un instrument de cette espèce est aux mains de
gens sages, prudents, expérimentés, on ne s'aper-
çoit pas trop du danger ; mais que les brouillons
arrivent au pouvoir ! si des esprits creux gouvernent
les finances, l'emprunt amortissable change de
nom et en prend un de sinistre souvenir : il devient « la planche aux assignats ». — « Si le gouvernement a pu prendre une décision aussi hardie,
écrit M. Léon Say, alors que le Trésor avait encore
tant de charges à supporter, c'est que les recettes
du budget prenaient un développement qui en
réalité était normal, mais qui était pour le gros
public fort inattendu. » Sans doute, et le bon sens
indique le point où la hardiesse change de nom et
devient imprudence. Le rendement des impôts
allait croissant, les découverts disparaissaient ;
on allait effacer les traces de la guerre. Le moment pouvait paraître bon pour préparer l'avenir à la condition qu'on fît deux parts des ex-
cédents, l'une pour les entreprises nationales,
l'autre pour les dégrèvements d'impôt, et surtout
pour le dégrèvement de l'impôt qui pèse le plus
lourdement sur la production agricole, de l'impôt
foncier.

ment de ce droit de partage, puis 20 à 25, un jour 50 et
davantage. (*Paul Leroy-Beaulieu.*)

Ce n'est pas cette pensée qui semble animer quelques esprits. Ils voudraient que l'on poussât la dépense à outrance, et ici la question du rachat des chemins de fer apparaît comme la menace la plus redoutable pour les finances de l'Etat. Le 3 p. 100 amortissable, « ressource unique des grands travaux », ne parvient pas à se classer, c'est-à-dire à se répandre dans les mains des rentiers qui doivent le garder; forcer les émissions de ce genre, c'est déprécier cette valeur et lui enlever toute efficacité pour le but qu'on se propose. Cependant pour racheter les chemins de fer, il faudrait faire jouer la planche ou bien créer une valeur nouvelle, ou bien encore faire un emprunt pur et simple, grever l'avenir sans grande chance d'amortissement. Suivant l'ancien ministre des finances, le premier acte du gouvernement devrait être au contraire de fermer le compte des grands travaux et de suspendre pour plusieurs années les émissions de rente amortissable, à plus forte raison de s'interdire toute autre espèce d'emprunt. Mais pour ne point arrêter les travaux en cours d'exécution, il conviendrait de s'entendre avec les Compagnies, et, au lieu de les déposséder, de tirer avantage de leur possession d'état. Si l'on ne prend ce parti on risque de ne pouvoir tenir la promesse que l'on a faite.

Mais si l'Etat est déjà trop surchargé, s'il ne peut plus utilement faire des émissions nouvelles, s'il ne peut exécuter sans cela tous les grands travaux projetés ou commencés, comment peut-il songer sérieusement à assumer des charges nouvelles, celles qui incombent aux Compagnies pour l'a-

chèvement des lignes concédées? Car il ne suffirait pas de payer trois milliards aux Compagnies
pour le matériel et les lignes concédées depuis
moins de quinze ans, il faudrait encore achever
et payer les travaux en cours d'exécution. Je n'en
pourrais pas présenter le chiffre exact, mais je ne
pense pas qu'il y ait exagération à l'estimer à
un milliard. C'est donc un capital de quatre milliards qu'il faudrait trouver outre celui qui est nécessaire pour continuer les grands travaux annon-
cés si pompeusement et promis si témérairement.

Que deviennent dans ce chiffre énorme les mal-
heureux 600 millions dus par les Compagnies
pour avances de garanties et qui seraient défal-
qués de la somme à rembourser pour matériel et
pour travaux effectués? Un atome. Dans tous les
cas, ce serait toujours plus de trois milliards qu'il
faudrait emprunter alors que tout emprunt paraît
difficile à réaliser sans faire au public des concessions onéreuses pour le Trésor.

Le moment serait donc doublement mal choisi
pour cette opération du rachat, en premier lieu,
parce que l'Etat se priverait par là du remboursement prochain des 600 millions avancés aux Compagnies et du partage des bénéfices avec celles de
ces Compagnies qui vont atteindre le maximum
desre cettes ; en second lieu parce qu'il serait impossible, sans de lourds sacrifices, de rembourser aux
Compagnies les sommes immédiatement exigibles,
d'achever les travaux commencés par elles, de continuer les travaux commencés ou promis par l'Etat.
C'est donc une question préjudicielle qui se pose
dès le seuil de l'entreprise, ce que M. Léon Say

appelle si justement « la question préalable ».

On peut concevoir encore d'autres appréhensions Dès le début, les annuités ajoutées à l'intérêt des trois milliards et demi remboursés constitueraient l'Etat en perte relative, peut-être en perte absolue. Cent quarante millions d'intérêts pour les trois milliards et demi, huit à neuf cents millions pour les annuités, voilà un milliard de plus inscrit au budget ordinaire, pour la seule satisfaction d'avoir transformé des valeurs industrielles en valeurs d'Etat. Et le budget extraordinaire? Pense-t-on que l'industrie des transports échappe à la loi nécessaire de toute industrie et qu'il ne faudra plus chaque année dépenser un capital de 400 à 500 millions pour augmenter et améliorer le matériel, pour agrandir les gares et les magasins, pour doubler les voies, multiplier les travaux d'art, pour satisfaire en un mot à tous les besoins nouveaux et correspondre au développement désirable de l'industrie et du commerce?

Au lieu de clore le compte des crédits extraordinaires, ce qui doit être le but de tout bon ministre des finances, l'Etat serait donc empêché de jamais l'arrêter et par la nature des fonctions commerciales qu'il aurait usurpées, obligé de marcher dans l'inconnu et de se mouvoir dans le vide.

Mais on aura les recettes pour faire face aux dépenses, et ces recettes vont sans cesse en croissant. Ces bénéfices promis aux Compagnies dans un avenir prochain, et que celles-ci doivent, au-dessus d'un certain rendement, partager avec l'Etat, l'Etat en profitera seul et trouvera en eux les ressources nécessaires pour payer intérêts et annuités, avec amortissement et réserve. Avec ses recettes, il fera face à tout et améliorera tout, dévelopera tout. Beau mirage, en effet, et qui se réalisera sans doute, à deux conditions, c'est que l'exploitation par l'Etat ne coûtera pas plus cher que par les Compagnies et que les tarifs ne seront pas diminués. Or, je le crois clairement démontré, l'exploitation par l'Etat est plus coûteuse que par les Compagnies · il en est ainsi dans tous les pays, il en sera ainsi en France plus que partout ailleurs à cause de la forme démocratique de son gouvernement qui dépend si cruellement de toutes les volontés, éparpillées et multiples. Donc point d'économies à rêver, des prix de revient plus élevés, voilà la vérité.

Qu'en adviendra-t-il des tarifs? Ce serait une médiocre affaire que l'Etat eût assumé de si lourdes charges, de si singulières difficultés et des périls si assurés, pour ne point donner les satisfactions qu'on attend de lui. Pourquoi le rachat des chemins de fer avant l'heure s'il n'en doit point sortir ces trains plus rapides et surtout ces abaissements de tarifs qui sont le grand prétexte, sinon la grande raison de cette fabuleuse entreprise? On précipitera les trains, on les multipliera, il en coûtera davantage, mais en même temps on abaissera les prix de transport. Pour moi, je n'en crois rien, et j'en donne une bonne raison : c'est que si les hommes politiques, députés et ministres, visaient réellement ce but, ils ont à leur portée un moyen bien simple d'obtenir ce résultat sans courir au-devant des périls et sans rien changer au système actuel d'exploitation : qu'ils abaissent les impôts auxquels sont assujettis les transports

soit des marchandises, soit des voyageurs. L'impôt
sur les voyageurs est de 23 p. 100. Il en coûtera
moins de le supprimer tout à fait que de racheter
même le réseau d'Orléans ; mais l'Etat n'y per-
drait guère, s'il le réduisait de moitié, surtout
s'il obtenait du même coup une réduction équiva-
lente à l'autre moitié de la part des Compagnies.
Mais c'est surtout l'impôt sur la grande vitesse
pour la marchandise qui déplait et qui est bien
fait pour déplaire. Le droit de timbre de 70 centimes sur les petits colis] est] odieux, antidémo-
cratique, hors de toute proportion souvent avec
la valeur de l'objet transporté. Ajoutez à cela le
droit de 23 p. 100 sur le transport proprement dit,
et voyez si cet impôt de guerre n'est pas exorbi-
tant, surtout alors que presque tous les impôts
de cette nature ont disparu.

On a dégrevé la petite vitesse, il n'est pas plus
difficile de dégrever en partie la grande, et le produit pour le Trésor serait probablement supérieur
à celui qu'il recueille aujourd'hui. Beaucoup des
marchandises qui circulent par la petite vitesse se
précipiteraient en hâte vers leur but s'il ne devait
pas leur en coûter un prix excessif. Comme pour les
voyageurs, les Compagnies n'hésiteraient pas à
abaisser leurs tarifs de grande vitesse le jour où il
leur serait démontré que grâce à un double dégrèvement il en résultera pour elles, outre l'avantage d'un trafic plus actif et d'une moindre perte
de « poids mort », cet autre bénéfice de n'avoir
pas à multiplier et agrandir sans limites leurs
gares de marchandises et leurs magasins. La
marchandise transportée par grande vitesse

n'a pas l'habitude de dormir dans les hangars.

Par le rachat, l'Etat fait des tarifs une sorte d'impôt, une taxe fiscale qui est dès lors soumise à toutes les vicissitudes et à toutes les imprécations dont les impôts sont l'objet. Si après mainmise les tarifs ne sont pas abaissés, le rachat ressemblera fort à un escamotage et sera traité comme tel ; si le gouvernement les abaisse, ses prix de revient étant supérieurs à ceux des Compagnies et ses charges plus lourdes, il sera en déficit, comme en Belgique (1). Demandera-t-il pour le couvrir de nouveaux impôts? Ce ne sera ni équitable ni avantageux. Faire payer aux gens une industrie dont ils ne se servent pas est une violation de la loi morale et une maladresse. Augmenter les impôts en dehors de tout prétexte d'intérêt ou de péril

1. En 1869, M. Malou, ministre des finances de Belgique, s'exprimait ainsi devant le Parlement :

« L'industrie des chemins de fer doit être prospère pour être utile, pour rendre les services qu'on peut attendre d'elle. C'est ce que la France a admirablement compris ; c'est ainsi qu'elle à organisé a son système ; c'est ainsi qu'elle marche, comme bonne organisation de cet immense service de transports, à la tête de toutes les nations. On est arrivé en France à placer pour un million de francs d'obligations par jour, et cela depuis des années, et l'on achève ainsi chaque jour une moitié de ce grand travail, qui s'accomplit, j'allais dire sans que la France soit appauvrie. Mais non, la France s'est enrichie dans des proportions énormes, et quand un jour ce réseau, ainsi établi, sagement exploité, s'augmentant sans cesse et accroissant la fortune publique, fera retour au domaine public, calculez, si vous le pouvez, quelle fortune la France aura conquise, voyez quelle sera la situation économique, quelle sera la force de ce pays. »

national, c'est discréditer le gouvernement qui emploie de tels expédients. Le premier jour les tarifs seront abaissés; puis on sera conduit à reprendre les anciens prix, peut-être à les augmenter; le jour où les finances de l'Etat péricliteraient, on presserait sur le ressort pour accroître le rendement, moyen empirique, mais commode, et bien plus aisé à employer que l'impôt fameux des 45 centimes.

Il n'est pas téméraire de penser que les choses se passeraient exactement comme elles viennent d'être indiquées. Qu'on ajoute à ce petit tableau les inconvénients ordinaires qui résultent d'un voyage du pot de terre en compagnie du pot de fer, du défaut de garantie que peut offrir l'Etat vis-à-vis du particulier dans les opérations commerciales, de l'impossibilité radicale pour l'Etat de devenir partie responsable, ce qu'il ne pourrait être sans que tout équilibre budgétaire devînt également impossible et l'on aura une idée approximative des gaietés commerciales et financières qui seraient réservées au pays si jamais un tel méfait pouvait s'acomplir.

Mais un jour pourtant les chemins de fer feront retour à l'Etat. Ne hâtons pas ce moment. Il y a devant nous une marge heureuse qu'il faudrait inventer si elle n'existait pas. Elle permet à l'expérience de se développer et de s'asseoir, aux sciences de poursuivre leurs perfectionnements et leurs applications aux théories de passer dans la pratique ou de s'évanouir devant elle. Dans cinquante ans, qui sait ce qui naîtra et quelles seront les dictées des besoins nouveaux?

Que penserait-on d'un propriétaire qui, ayant inséré dans tous ses baux une clause résolutoire moyennant indemnité de sa part, congédierait tout à coup ses locataires dans l'espoir de rencontrer des offres de location plus avantageuses? Sa famille le ferait très certainement interdire. C'est un acte de folie du même ordre que l'on conseille au gouvernement, avec cette différence toutefois qu'au lieu de conditions plus avantageuses, il serait certain de n'en obtenir que de moins bonnes et moins bien assurées. La fragilité des contrats passés avec l'Etat commanderait aux Compagnies fermières des précautions qui ressembleraient fort à de la défiance et qui coûteraient ce que coûtent les contrats précaires.

IX

CONCLUSION

Dans cet écrit déjà trop long, il n'a pas été touché au point juridique de la question ; on n'a pas examiné jusqu'à quel point l'Etat était en droit de déchirer les contrats qu'il a souscrits, même en invoquant cette faculté de rachat inscrite dans l'article 37 du cahier des charges. Cette faculté n'a pas été inscrite pour nuire aux Compagnies et aux intérêts très nombreux et très légitimes qu'elles représentent. Elle n'est évidemment là que pour le cas où les intérêts généraux du commerce et l'intérêt de l'État seraient mis en péril.

Or les intérêts généraux du commerce réclament-ils contre l'existence des Compagnies ? Demandent-ils que l'État se substitue à elles ? C'est le contraire que nous voyons. Toutes les Chambres de Commerce qui ont élevé la voix l'ont fait contre le projet de rachat partiel ou total. Il a été demandé leur avis à 91 Chambres et Tribunaux de commerce ou Chambres consultatives : hormis deux, tous ces corps élus et compétents ont demandé le maintien du régime actuel, tout en s'élevant avec force contre l'idée du rachat par l'État. On ne peut donc pas prétendre justement que ce projet de rachat corresponde à un besoin ou à une manifestation des intérêts commerciaux.

Ce n'est pas davantage un intérêt d'Etat qui s'impose, un intérêt financier. L'Etat ferait une très mauvaise affaire s'il rachetait les concessions dans les circonstances actuelles. Ne pouvant exploiter que dans des conditions onéreuses, il aurait à payer des annuités supérieures au rendement net. Obligé d'achever les réseaux rachetés, de construire les lignes promises, de rembourser le prix du matériel et les dépenses faites pour les lignes ayant moins de quinze ans de concession, il devrait emprunter des sommes qui dépasseraient certainement six milliards (1) et augmenteraient d'autant la dette publique, c'est-à-dire les charges des contribuables. Enfin l'Etat devant rentrer en possession de toutes les lignes concédées à l'expiration des concessions, c'est-à-dire dans un capital qui ne peut être évalué à moins de douze milliards, et cela sans bourse délier, sans annuités à payer, sans autre charge que la reprise du matériel à dire d'experts, ferait une très sotte et très onéreuse opération s'il rachetait au cher denier ce qu'il peut avoir un jour pour rien.

Dès lors, si ce n'est ni, un intérêt financier de l'É-

1. Deux milliards et demi pour le rachat du matériel et des lignes ayant moins de quinze ans de concession, quatre milliards pourr l'achèvement ou la construction des lignes promises.

tat qui inspire la mesure projetée, ni un intérêt du commerce, ni, à quelque point de vue que ce soit, un intérêt général, qu'est-ce donc? Un intérêt politique, un intérêt de parti, moins que cela, un intérêt particulier? Soit, mais dans ce cas la question légale change d'aspect; ce n'est plus une expropriation pour cause d'intérêt public et la « faculté » dont userait l'Etat serait tout simplement la « faculté » du plus fort, c'est-à-dire le contraire de la justice et de l'équité. Entre deux particuliers le cas se règle en cour d'assises ou du moins devant les tribunaux, et si l'opération paraît aussi claire qu'elle le serait dans cette occurrence, le spoliateur est indubitablement condamné. La question serait donc de savoir si l'Etat, sans motif avouable, sans raison patente et fondée, pourrait se rendre ainsi maître d'une partie de la fortune privée. Il ne le pourrait en équité que du consentement des parties intéressées, c'est-à-dire à prix débattu, et alors vous voyez arriver le cortège des sacrifices faits dans les commencements pour améliorer le sol des contrées traversées, comme Orléans pour la Sologne, Paris-Lyon pour les vignes phylloxérées, pour développer les industries locales, comme l'ont fait toutes les lignes. Les Compagnies diront: « J'ai semé, vous voulez récolter! payez au moins le labour et la semence !»

Le plus clair de l'affaire, c'est que l'Etat, ni le commerce, ni les particuliers, ni personne ne récolteraient rien, ni les plus-values dont on montre le mirage, ni les abaissements de tarifs dont on berce les imaginations trop vives, ni les vitesses fabuleuses des trains passant comme l'éclair, ni aucune des améliorations que le public réclame et que l'État serait incapable de lui donner.

Le seul résultat certain qui serait acquis, serait une augmentation des charges publiques, une aggravation des entraves mises au commerce, la suppression de toute responsabilité, de toute concurrence, le relèvement des prix aux taux actuels du réseau de l'Etat, les tarifs revêtant désormais un caractère fiscal, et finalement la tyrannie la plus dure, la plus insupportable et la plus onéreuse. Le chemin de fer de l'Eure serait peut-être sauvé, mais l'industrie des transports, le commerce, la production industrielle, l'agriculture seraient perdus.

TABLE DES MATIÈRES

Imp. de la Soc. de Typ. - Noizette, 8, r. Campagne-Première. Paris.